JN051809

KUALA LUMPUR (KL)
AREA NAVI

クアラルンプール早わかりナビ

クアラルンプールは鉄道やモノレールなどの公共交通機関を上手に使えばスムーズに観光や町歩きが楽しめる。主要な観光エリアには、巡回バス（ゴーKLシティバス→P.128）も運行。本数が多いので利用する価値あり。

アラルンプール

7 イポ

ケタム島 **8** ★クアラルンプール
10 プトラ・モスク
KLIA **9**
マラッカ **11**

PWTC駅 チ

プトラ駅

Chow Kit
チョウキット

バン・ダラヤ駅

マスジッド・ジャメ駅

4 Chinat
チャイナタ

バサー・スニ駅

クアラルンプール鉄道駅

1 下町情緒が宿る町
チョウキット
Chow Kit

南側は生地専門店が集まるインド人街、北側はマレー系が暮らす庶民の町なので、このエリアではマレーとインドの暮らしぶりや文化、風習に触れられる。

P.82

2 クアラルンプール発祥の地
ムルデカ・スクエアとレイク・ガーデン
Merdeka Square & Lake Garden

イギリスからの独立を宣言した歴史的な場所ムルデカ・スクエアをはじめ、19世紀後半から20世紀初頭にかけて造られた貴重な建造物が集まる歴史エリア。

P.76

3 クアラルンプールの玄関口
KLセントラル
KL Sentral

KLセントラル駅はクアラルンプールのハブ駅としてほとんどの観光客が一度は通る場所。駅の南側はインド人街なので、おいしいインド料理が食べられる。

P.84

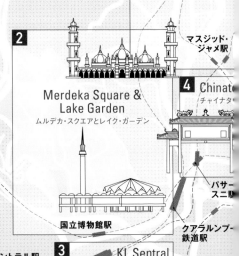

2

Merdeka Square &
Lake Garden
ムルデカ・スクエアとレイク・ガーデン

国立博物館駅

KLセントラル駅 **3** KL Sentral
KLセントラル

イポー
Ipoh

食の都でグルメ三昧。こぢんまりした町で店から店への移動が楽。
▶P.34

ケタム島
Ketam

カニをはじめとする海鮮料理が有名。電車と船で日帰り可能。
▶P.35

9 KLIA（空港）周辺
Around KLIA

KLIA、KLIA2周辺にはショッピングモールがあり買い物に◎。
▶P.86

10 プトラ・モスク
Masjid Putra

行政都市プトラジャヤはモダン建築の宝庫。なかでもピンク・モスクは必見。
▶P.33

11 マラッカ
Malacca

西洋の影響を受けた世界文化遺産の町並み。ババ・ニョニャ文化にも触れられる。
▶P.92

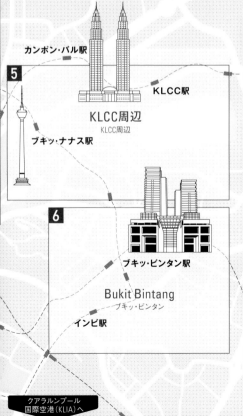

カンポン・バル駅

5

KLCC駅

KLCC周辺
KLCC周辺

ブキッ・ナナス駅

6

ブキッ・ビンタン駅

Bukit Bintang
ブキッ・ビンタン

インビ駅

クアラルンプール国際空港（KLIA）へ

4 ディープでカオスな町といえば
チャイナタウン
Chinatown

観光客に人気のセントラル・マーケットや風情あるウオールアート、若者が集まるカフェ。一方でプタリン通り周辺はローカルフードの屋台が並ぶアジアらしい雑踏。昔と今が交錯するエリア。
▶P.80

5 誰もが訪れる観光エリア
KLCC周辺
KLCC周辺

ペトロナス・ツイン・タワーとKLCC公園、KLタワーを含むエリア。ツイン・タワーを望む絶景ホテルとして高級・高層ホテルが点在し、宿泊エリアとしても人気が高い。
▶P.72

6 KL最大のショッピングエリア
ブキッ・ビンタン
Bukit Bintang

大型ショッピングモールが多く、ハイエンドブランドから日本未入荷のローカルブランドまで、ここに来れば何でも揃う。アロー通りの屋台街も有名。
▶P.68

王道 クアラルンプール観光 **3DAYS** モデルプラン

3日間でクアラルンプールの人気観光スポットを効率よく回ることのできるとっておきのプランをご紹介！

DAY 01 まずはおさえておきたい定番スポットを制覇

観光スポットを巡りながら、ショッピング、グルメも満喫。

10:00
クアラルンプール・シティ・ギャラリー ▶P.77

クアラルンプール観光はここから！併設されたショップでおみやげ選びも。

徒歩ですぐ

マスジッド・ジャメ ムルデカ・スクエア

11:00 ムルデカ・スクエア周辺 ▶P.76

100mの掲揚塔に国旗がはためく独立広場周辺は、植民地時代の名残を感じる歴史的な建造物が多い。

タクシーで約10分

13:00
マレーシア・イスラム美術館
▶P.78

オスマン様式のタイル張りで彩られた美しい美術館。併設のショップではモダンなイスラミック雑貨を販売。

徒歩と電車で約25分

英国発の高級マーケットのマークス＆スペンサー

マダム・クワン ▶P.24

マレーシア料理のカジュアルレストランで国民食ナシルマッにトライ。

15:00
スリアKLCC ▶P.73

ペトロナス・ツイン・タワーの低層階にあり、KLCC公園、水族館などに隣接する大型複合施設。フードコートも充実。

直結

19:00
ペトロナス・ツイン・タワー
▶P.72

↘とっておきの撮影スポット！

クアラルンプールのシンボルタワー。夜の噴水ショーは特にきれいで、19:30〜22:00まで30分おきに開催。

DAY 02 ショッピング三昧＆屋台街デビュー

伝統クラフトやプチプラみやげを探したあとは、活気あふれるクアラルンプール最大の屋台街へ。

10:00 セントラル・マーケット P.58

マレーシア各地の民芸品から菓子類まで何でも揃うみやげ物スポット。

南香 P.52

近くのチキンライスのおいしい店でランチ。

徒歩で約5分

昔の中華街を壁画で再現した写真スポット

13:00 プタリン通り（チャイナタウン） P.80

露店が軒を連ねるにぎやかなチャイナタウンへ。バライ・パラス通りの近くには人気のおしゃれカフェも。

電車で約25分

15:00 パビリオン P.20

マレーシアブランドから海外高級ブランド、スーパー、レストランなどが集まるブキッ・ビンタン随一のショッピングモール。

パディーニ P.20

安くてかわいい靴やバッグが揃うローカルブランド。

徒歩で約10分

18:00 アロー通りの屋台街 P.68

200mほどの通りの両側にマレーシア料理、スイーツなどの屋台やレストランがひしめき合う。

お酒も飲める！

DAY 03 足を延ばして近郊の人気スポットへ

マレーシアならではのマルチカルチャーを体験。ヒンドゥーの聖地、そして神秘的なモスクへ。

9:00 バトゥ洞窟 P.30

272段の階段を上ると巨大な鍾乳洞の中に神殿があるヒンドゥー寺院。マレーシアのパワースポット。

黄金に輝くのは、美や力の象徴としてあがめられているムルガン神の像

約4億年前に形成された鍾乳洞の中に神殿

電車で約30分

インドの定食「ナシ・カンダール」

12:00 リトル・インディア（ブリックフィールズ） P.84

カラフルでパワフルなインド人街へ。インド系の食堂や商店が集まる異国情緒満点のエリア。

レジェンド・クレイポット・ブリヤニ・ハウス P.85

スパイスと肉の炊き込みご飯、ブリヤニの人気店でランチ。

電車とタクシーで約1時間

15:00 スルタン・サラフディン・アブドゥル・アジズ・シャー・モスク P.32

青と白の格子模様のドームが印象的なブルー・モスク。イスラム建築の美しさと青の世界に浸りたい。

Kuala Lumpur 7

KLと近郊**2**都市巡り **3DAYS**
KL&イポー&マラッカ観光 モデルプラン

マラッカ名物トライショー

タクシーを利用して、72時間で人気の3都市を巡る弾丸ツアー。
そこでしか食べられない人気のグルメも食べ尽くします！

DAY **01** 1日でクアラルンプールをとことん満喫

絶対に外せないマストスポットを効率よく回る。

漢方のふくよかな香りが特徴。色は濃いが、あっさり味で食べやすい

7:00 新峰肉骨茶 ▶P.44

朝食の定番、肉骨茶（バクテー）を食べてまずはエナジーチャージ。スープはあっさり味で胃に優しく日本人好み。

タクシーで約20分

**8:30 マスジッド・ヌガラ
（国立モスク）** ▶P.79

ステンドグラスの装飾が美しい。礼拝時間（1日5回）は入場できない。

タクシーで約10分

国立織物博物館

国立博物館

**10:00
ムルデカ・
スクエア周辺** ▶P.76

19世紀後半から20世紀初頭にかけて造られた歴史的建造物が集まっている。

人気の撮影スポット！

徒歩で約20分

**プレシャス・オールド
チャイナ** ▶P.59

セントラル・マーケットで休憩を兼ねてランチ。

12:00 チャイナタウン ▶P.80

アジアらしい喧騒とカフェ巡りという新旧の魅力が入り交じったエリア。ローカルフードの名店も集まっている。

タクシーで約10分

**15:00
KLタワー** ▶P.15

展望台がふたつあり、特に屋外のスカイデッキからの眺めがすばらしい。

タクシーで約10分

**17:00
ペトロナス・
ツイン・
タワー** ▶P.12

スリアKLCCでショッピング。その後外からツイン・タワーの夜景を堪能。

タクシーで約15分

**20:00
ビジャン** ▶P.71

マレーシア料理は初めてという人にもおすすめ。

店内はモダンでシック

DAY 02
イポー日帰りでレトロな町並み散策＆グルメ三昧

[KLセントラル駅からETS（高速鉄道）で約2時間30分]

マレーシア第3の町、イポーのグルメスポットと風情ある町を日帰りで回るスペシャルプラン

イポー鉄道駅からタクシーで約10分

マンゴープリンやエッグタルトもおすすめ

11:00 富山茶楼（フーサン） P.35

まずは、14:00までの営業の人気の飲茶店へ。お粥も人気メニューのひとつ。

タクシーで約10分

13:00
旧市街を散策 P.34

イポー鉄道駅を中心にレトロな町並みを散策。Plan B Ipoh周辺 Map P.34 はぜひ行きたいエリア。

南香茶餐室（ナムヒョン） P.35

イポー発祥のホワイトコーヒーとエッグタルトでひと休み。

壁画アートも有名

タクシーで約10分

奇峰豆腐花（ファニー・マウンテン・ソヤビーン） Map P.34

豆腐花が人気。なくなり次第閉店。

15:00 老黄芽菜鶏（ロウ・ウォン） P.35

モヤシとチキン、そしてライス、または麺を注文するのが定番。特に、シャキシャキのもやしはイポー人の自慢。

タクシーでイポー鉄道駅へ行き、ETSでKLセントラル駅へ。KLセントラル駅から電車で約30分

21:00
ブキッ・ビンタンの屋台街 P.68

クアラルンプール最大の屋台街で名物のチキンウイングを堪能。

DAY 03
世界遺産の町マラッカに小旅行

[クアラルンプール市内からタクシーで約2時間]

歴史散策、ニョニャ料理、ショッピングまで楽しむ贅沢な1泊プラン

10:00 オランダ広場周辺 P.94

歴史的な建物が数多く集まっている。徒歩でも回れるがトライショーで巡るのもマラッカらしくておすすめ。

スタダイス

サンチャゴ砦

和記鶏飯 P.100

マラッカ名物チキンライスボールを食べる。ご飯が丸いのが特徴。

徒歩で約10分

15:00 チャイナタウン散策 P.96

15〜19世紀にプラナカン文化が栄え、今なおその時代の邸宅が並んでいる。ババ・ニョニャ・ヘリテージは見学可。

カラー・ビーズ（娘惹鞋） P.106

ハンドメイドのビーズサンダルが豊富に揃う。

クリスティナ・イー P.102

チェンドル（かき氷）で涼もう。黒蜜に、甘い小豆とココナツミルクがベストマッチ。

徒歩ですぐ

18:00 コチッ・ヘリテージ P.101

本場のニョニャ料理が食べられる人気店。ジョーカー通り近くで立地も抜群。

今夜はマラッカに1泊して、翌日直接空港へ行くと便利。タクシー、バスでの移動が可能。

本書の使い方

本書は、TO DO LIST（厳選の観光物件）、
テーマ別ガイド、エリアガイドによって
構成されています。

おすすめコースと歩き方ルートを紹介

ポイントをおさえながら回る散策ルートを、所要時間とともに紹介しています。

\Check!！ Column

知っていると便利な情報

町歩きがいっそう楽しくなる、コラムやチェックポイントを載せています。

はみだし情報

旅に役立つ補足情報やアドバイス、クアラルンプールの町に詳しくなる雑学、クチコミネタなどを紹介しています。

エリアの特徴を紹介

各エリアの特徴や楽しみ方、効率よく散策するためのヒント、最寄り駅や交通案内などを簡潔にまとめました。

公共交通機関について

各物件には公共交通機関での行き方を明記してあります。鉄道路線図(P.127)、無料巡回バス、タクシー(P.128)にてご確認ください。

▶ Map P.135-C1
▶ Data P.58 ▶ 詳細 P.20

各物件の位置は、巻末(P.130〜140)の地図で探すことができます。

アイコンの見方

📷	観光スポット
🍴	レストラン
☕	カフェ
👜	ショップ
🍸	バー
💆	スパ・マッサージ

データの見方

住	住所
電	電話番号
Free	フリーダイヤル
開	営業時間、開館時間
休	定休日、休館日
料	入場料、宿泊料など
URL	ホームページアドレス
服	ドレスコード

Card	クレジットカード
A	アメリカン・エキスプレス
D	ダイナース
J	JCB
M	マスター
V	ビザ
交	アクセス
予	予約の要不要、予約先

英Menu	英語メニューあり
日Menu	日本語メニューあり
他	その他の店舗
Ⓢ	ショップ
Ⓗ	ホテル

道路名の略称
Jl. Jalan

※本書は2023年10〜12月の取材データに基づいて作られています。正確な情報の掲載に努めていますが、ご旅行の際は必ず現地で最新の情報をご確認ください。また掲載情報による損失等の責任を弊社は負いかねますのであらかじめご了承ください。

10 THINGS TO DO IN

KUALA LUMPUR

クアラルンプールでしたいこと＆
クアラルンプールでしかできないこと

ダイナミックに変化し続けるクアラルンプール。
モザイクのように多民族の文化がちりばめられた
魅力たっぷりの大都市の「今」を見に出かけよう！

01

Petronas Twin Towers

名実ともに町のランドマーク

ペトロナス・ツイン・タワーと
周辺を楽しみつくす！

高さ452mを誇る88階建ての超高層ビル、ペトロナス・ツイン・タワー。
そこから徒歩ですぐの全長69mの巨大な橋、サロマ・リンク・ブリッジ。
どちらも進化を遂げる大都市クアラルンプールを象徴する建物で、
夜空を彩るビュースポットとしても人気。

ライトアップされた姿は未来都市

ペトロナス・ツイン・タワー
Petronas Twin Tower

国立石油会社ペトロナスによって建築され、おも
にオフィスビルとして使われている。高層ビルの
間などに見えたときのインパクトは絶大。とりわけ
銀色に輝く夜の姿はまるで未来都市のよう。真
下からもその巨大さがさらに実感でき、周辺の
観光施設と合わせ必見のスポットだ。

▶ Map P.135-C2

住Kuala Lumpur City Centre 電(03)2331-8080
開9:00～21:00(最終入場20:30)、(金曜13:00～14:30クロー
ズ) 休月曜、ハリラヤ・プアサ、ハリラヤ・ハジ 料大人RM98、
子供RM50 ※展望台からの見学は時間指定の定員制で約1
時間 交LRT KLCC駅直結 ※料金や営業時間、休業日はオ
ブザベーション・デッキとスカイブリッジのもので共通

シレーの葉をモチーフにしたデザイン

サロマ・リンク・ブリッジ
Saloma Link Bridge

KLCC地区とマレー系住民の町カンポン・バルを
結ぶ橋。夜は国旗カラーなどさまざまな色にライト
アップされている。名前にあるサロマとは、1960
年代に活躍した歌手の名前で、夫は伝説の映画
スター、P・ラムリー。モチーフのシレーはコショウ
科の木の葉で、かみタバコのような嗜好品。マレー
シアでは伝統的なもてなしで使う。

▶ Map P.134-B2外

住Jalan Sungai Baru, Kampung Baru
開5:00～翌1:00(日～翌0:30) 休無休 料無料
交LRT KLCC駅から徒歩約10分
※橋の奥にある黄色色の建物はパブリック銀行のビル

ふたつのビルはタワー1（南西側）を日本企業が、タワー2を韓国企業が建設。オブザベーション・デッキはタワー2にある。

425m 尖塔 Spire

天を突くような尖塔のデザインは、イスラムのモスクをイメージしている。

370m オブザベーション・デッキ
Observation deck

86階にある展望スペース。2015年から一般公開された。見下ろす町はミニチュアのよう。

170m スカイブリッジ
Sky bridge

41階と42階部分にあり、ふたつのビルをつないでいる長さは60mほどの橋。空中散歩の気分が味わえる。

事前予約で待たずに上ろう \Check!!/

ペトロナス・ツイン・タワーのスカイブリッジとオブザベーションデッキは入場料が必要。オンラインで事前にチケットを購入、もしくは直接窓口で購入するかのどちらかになる。平日の午前中でも、多くの人が並んでいるので、オンラインでの購入がマスト。行きたい日付と時間を事前に選び、クレジットカードで支払う。登録したメールアドレスに確認書が送られてくるので、印刷して持参、当日この確認書をチケットカウンターに提示すると、チケットと交換してくれる。予約した時間の15分前には、すべての準備を整えておこう。オンライン予約は48時間前まで。

絶景レストラン&バー

タワーと一緒に

ツイン・タワーは上っても楽しいが、何よりもその美しい姿が魅力。
夜のライトアップが見えるレストランやバーは大人気だ。

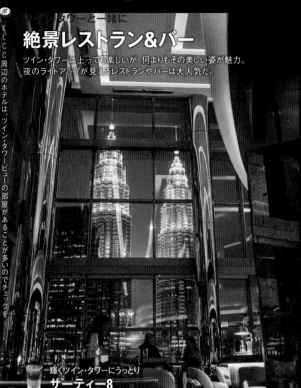

輝くツイン・タワーにうっとり
サーティー8

H グランド・ハイアット・クアラルンプールの38階にあるシグネチャー・レストラン&バー。輝くタワーと360度のパノラマを楽しめる。

▶Map P.135-C3

住Level 38,**H** Grand Hyatt Kuala Lumpur TEL(03)2182-1234 開6:30
～23:00（朝食は、平日のみ宿泊者以外も可）休無休 料メインMR88
～ CardADJMV 服スマートカジュアル 交LRT KLCC駅から徒歩約15分

57階のルーフトップバー
マリニーズ・オン57

ガラス張りの店内はルーフトップバー、イタリアンレストラン、ラウンジで構成。ムードを大事にしているのでドレスコードに注意。

▶Map P.135-C2

住Level 57, Menara 3 Petronas, Persiaran KLCC
TEL(03)2386-6030 開17:00～翌3:00 休無休 料ビール
RM25～ CardAMV 服スマートカジュアル 交LRT KLCC
駅まで徒歩約10分

ビルの最上階が絶景レストランフロア

KLCCエリアにあるトロイカビルの最上階はトロイカ・スカイ・ダイニングになっていて、イタリアン、南米料理、フレンチなどの店があり、どこも味に定評がある。ツイン・タワーは片方のみだが、KLタワーも見え、特にサンセットが美しい。 ＼Check!／

トロイカ・スカイ・ダイニング

▶Map P.135-D2

URLwww.troikaskydining.com 交LRT KLCC駅から
徒歩約12分

ペトロナス・ツイン・タワーを
楽しみつくす

噴水ショー
19:30から22:00まで30分おきのレイク・シンフォニー（噴水ショー）は必見。ツイン・タワーを背景に色やパターンが変わり見応えがある。

オブザベーション・デッキ
ツイン・タワーが部分的にしか見えないが至近距離で迫力はたっぷり。

スリアKLCC
Suria KLCC

6階までの低層階と地下は大規模なショッピングモールで約360店舗が入っている。エンターテインメントやグルメも充実。

▶詳細 P.73

スカイボックス＆
スカイデッキ
Sky box & Sky Deck

300m

外に突き出たガラス張りのスペースにあるスカイボックスはスリル満点。スカイデッキは窓のないオープンエアの展望台。

スカイデッキからの眺めはツイン・タワーが2本重なって少し残念だが、外気に触れての眺望は最高

塔頂
Top

421m

最上部のアンテナはマハティール元首相が立てて完成。

ツイン・タワーも近い

レストラン
Restaurant

282m

展望台の下は「アトモスフィア360°」という回転展望レストラン。店内が1時間かけてゆっくり1周する。

オブザベーション・
デッキ
Observation deck

276m

コイン望遠鏡やギフトショップなども併設の観光展望室。ガラス越しの展望なので高所に弱い人はこちらへ。

屋外のデッキから町を一望
クアラルンプールの町を
360度楽しめる定番スポット

周囲に建物のない丘の上に立っているので町のいたるところから見え、ツイン・タワーとともにクアラルンプールのシンボルとなっている。

市民の憩いの場

KLタワー KL Tower

ツイン・タワーより早く1996年に完成。本来は通信塔で、421mの高さは同じ役割をもつ構造物では世界第4位の高さ。ドーム状の上層部には町を見渡す360度の景色が楽しめる展望台や回転レストランがある。

チケットの購入方法 オンラインで事前にチケットを購入、もしくは直接窓口で購入するかのどちらかになる。

▶ Map P.134-A3

住 Menara Kuala Lumpur No.2 Jl. Punchak Off Jl. P.Ramlee
電 (03)2020-5421 開 9:00～22:00(最終入場21:30) 休 無休
料 大人RM52～、子供RM31～(スカイデッキは大人RM105～、子供RM55～)
交 モノレール ブキッ・ナナス駅から徒歩約15分

無料のシャトルバス ＼Check!/

ブキッ・ナナスの丘に立っているため、KLタワーのゲートから入口まで上り坂になっている。ゲートから無料のシャトルバス(15分間隔)が出ているので利用しよう。また、ホップオン・ホップオフ・バスなら目の前で下車できる。

見晴らし
サイコー！

一階はクーラーが効いていて涼しいが、写真を撮るなら断然2階のオープン席で。20時出発のＫＬシティ・オブ・ライツもおすすめ。

KL HOP ON HOP OFF

CITY TOUR

王宮
National Palace

㉑

バード・パーク
Bird Park

㉒

HOP ON!

国立博物館
National Museum

HOP ON!

㉓

国立モスク
National Mosque

HOP ON!

㉒⓪

HOP ON!
ムルデカ・スクエア
Merdeka Square

㉔

セントラル・マーケット
Central Market

HOP ON!

㉗

㉖ Chow Kit
Sunway
Putra Hotel

㉕

KLタワー
KL Tower

HOP ON!

㉘

Ma
In

Swiss Garden

㉗ チャイナタ
Chinatown

㉖

Merdeka

㉗

KL セントラル
KL Sentral

㉑⑨

KJ15 KL Sentral

㉑⑧

リトル・インディア
Little India

T O D O ☑
L I S T

02

KL Tours

\見どころを一気に制覇！/

乗り降り自由な
巡回バスで
ラクラク観光

初めてクアラルンプールを訪れる人にぴったりなのが2階建ての周遊バス。主要な見所を一気に巡ることができる。短い日程の人にももちろんおすすめ。

N

⓪① 停車番号とバス停名

⓪① を起点に
2つのルートがある

シティ・ルート

ガーデン・ルート

　★変更が多いのでホップオン・ホップオフ・バスの最新ホームページをご確認ください。

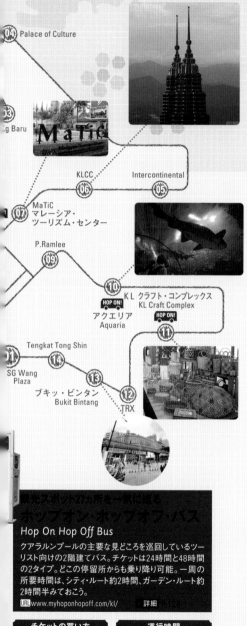

04 Palace of Culture

13 g Baru

07 MaTiC
マレーシア・
ツーリズム・センター

06 KLCC

05 Intercontinental

09 P.Ramlee

10 KL クラフト・コンプレックス
KL Craft Complex
HOP ON!

アクエリア
Aquaria
HOP ON!

11

15 Tengkat Tong Shin

14

13

12

SG Wang
Plaza

ブキッ・ビンタン
Bukit Bintang

TRX

観光スポット27ヵ所を一気に巡る
ホップオン・ホップオフ・バス
Hop On Hop Off Bus
クアラルンプールの主要な見どころを巡回しているツーリスト向けの2階建てバス。チケットは24時間と48時間の2タイプ。どこの停留所からも乗り降り可能。一周の所要時間は、シティ・ルート約2時間、ガーデン・ルート約2時間半みておこう。
URL www.myhoponhopoff.com/kl/　　詳細 P.128

チケットの買い方
上記サイトでの事前購入、乗車時にバス停での購入も可。24時間の料金は大人RM60。

運行時間
毎日9:00〜18:00。目安は20〜30分おきにバスが来る。王宮の最終乗車時間は16:00。

---

01 SG Wang Plaza
スンガイ・ワン・プラザ前に停車。ルートの乗り換えポイント。

02 Masjid India
インド商人が建てた歴史あるモスクやSOGOに近い。

03 Kg Baru
おいしいマレー料理を食べたいならここで下車。指さしで注文可。

04 Palace of Culture
停留所近くにアートギャラリーがある。

05 Intercontinental
ショッピングモールのリンクKLや、アンパン・パーク駅が近い。

06 KLCC
ペトロナス・ツイン・タワーの目の前に停留所。P.72

07 MaTiC HOP ON!
旅の観光情報や相談、各種イベントなども開催。P.73

08 KL Tower HOP ON!
エントランス付近に停留所があるので楽。P.15

09 P.Ramlee
オフィスやレストランが多いエリア。見どころは特にない。

10 Aquaria HOP ON!
KLCC水族館があるコンベンションセンター前に停車。P.74

11 KL Craft Complex HOP ON!
工芸品館前に停車。⑤カリヤネカはその中に。

12 TRX
開設準備中

13 Bukit Bintang
ショッピングモールが集まる繁華街に停車。P.68

14 Tengkat Tong Shin
KLのナイトスポットに停車。屋台街アロー通りまですぐ。

15 へ

15 Swiss Garden
ブドゥ通りのホテル前に停車。見どころは特にない。

16 Chinatown
プタリン通りそばに停車。周辺には名店が並ぶ。P.80

17 Central Market HOP ON!
スリ・マハ・マリアマン寺院に行くにはここで下車。P.81

18 Little India
インドグルメの町、ブリックフィールズへはここで。P.84

19 KL Sentral
KLセントラル駅前に停車。電車の乗り換えに便利。P.84

20 National Museum HOP ON!
エントランス付近に停車。日本語ガイド付ツアーあり。P.79

21 National Palace HOP ON!
入口に馬に乗った衛兵がいて撮影スポットに。P.79

22 Bird Park HOP ON!
バード・パーク周辺は庭園が広がっている。P.79

23 National Mosque HOP ON!
礼拝時は見学不可。露出の少ない服装で。P.79

24 Merdeka Square HOP ON!
歴史的・文化的な建物が集まっている見どころの多いエリア。P.76

25 Chow kit
チョウキットの古い町並み歩きならここが便利。

26 Sunway Putra Hotel
世界的な会議や展示会が行われるPWTCまですぐの場所に停車。

27 Merdeka 118
開設準備中

HOP ON! **01** へ
ホップオン・ホップオフ・バスを利用すると便利なスポット。

TO DO LIST

03

Exotic Towns

多民族国家ならではのコミュニティ

ミックスカルチャーが生んだ
エキゾチックタウンへ

クアラルンプールに暮らす民族たちは、緩やかだけれど明確な、
それぞれのコミュニティを築くことで共存している。
さまざまな異文化と出合うことができるタウン巡りに出かけよう。

チャイナタウンの最寄りのパサール・スニ駅は、KTMクアラルンプール駅のホームと歩道橋でつながっている。

チャイナタウンのシンボルは鮮やかな門

CHINATOWN

チャイナタウン ▶P.80

メインはプタリン通り。道の両側に中国料理
店やホテルが立ち並び、その前に雑貨売り
の露店がひしめく。交差するハン・ルキル通り
は粥や麺の老舗。喧騒を抜け、バライ・パレ
ス通り周辺はカフェやアートの名所がある。

LITTLE INDIA

リトル・インディア `P.84`

KLセントラル駅の南側のエリア（ブリックフィールズ）でインド系の住民が多い。庶民的なカレーの店がたくさんあり本場の味が楽しめる。インド食器や雑貨の店もたくさん。

ミックスカルチャーが生んだエキゾチックタウンへ

> ひとつから買えるのでぜひ食べて！

大音量のボリウッド音楽が流れ、本格的なインド料理（とくに南インド由来）が多数

> スカーフが1枚あると重宝する

布製品全般が安い

LITTLE INDIA

トゥンク・アブドゥル・ラーマン通り沿いに店が軒を連ねる

リトル・インディア `P.82`

ブリックフィールズ同様にインド系タウンだが、こちらはテキスタイルやアクセサリーの店がほとんど。ムルデカ広場から歩ける距離にある。

KAMPUNG BARU

カンポン・バル

KLCCに隣接するマレー系住民の町。都会にあって伝統家屋も残る昔ながらの風景が広がる。露店や下町食堂はいつも大にぎわい。

▶Map P.130-B1
🚇LRTカンポン・バル駅下車

食堂にはマレー料理を楽しむ人が多数

のどかな町と高層ビル群が隣り合わせ

> おやつ屋台も人気！

巨大ショッピングモールで1日遊ぼう！

王道のモール、パビリオンへ

流行の発信地ブキッ・ビンタンにあり、
旬のブランドや食通が太鼓判を押すレストランなど
話題の店が集まった人気のショッピングモール。
クーラーの効いた快適空間なのもマル！

ショッピングモール内はクーラーが効き過ぎて寒いことがあるので羽織れるものを持参しよう。

PAVILION

**ツーリストのための
お得情報**

約200店舗で割引やギフトなどの優待が受けられる「Tourist Reward Card」。パビリオン内のコンシェルジュデスクで、パスポートを提示して入手しよう。モール内は無料Wi-Fi、また両替所や国際宅配のサービスもある。

マレーシア最大級の店舗数

パビリオン　Pavilion

一流のハイブランドからマレーシア発のブランドまで、700以上の店舗数を誇る。フロア面積は東京ドーム3.2個分もあるので、休憩はマスト。

▶ Data P.84

🕐 **午前** **注目ショップで買い物**

ハンドバッグ
RM359.90

**マルチブランド業態の
コンセプトストア**

パディーニ
Padini

地元の女性に人気No.1のシューズブランド、ヴィンチを筆頭に、マレーシア生まれのブランドが集合。

1　ヴィンチのキラキラサンダル各RM89　2　ヒールがエレガントなミュールRM99　3　ショルダーバッグRM159

🏠 Ⓢ Level 4, Pavilion
☎ (03) 2141-4330　開 10:00～22:00
休 無休　Card ADJMV

レバノン生まれの高級チョコ

パッチ
Patchi

中東のゴディバと呼ばれる高級チョコブランド、パッチ。上質なカカオで作られたチョコはセレブ御用達。

🏠 Ⓢ Level 2, Pavilion　☎ (03) 2143-0091
開 10:00～22:00　休 無休　Card ADJMV

詰め合わせギフトチョコRM380

エレガントなデザインが人気

チャールズ&キース
Charles & Keith

シンガポール発のシューズブランド。サンダルからパンプス、バッグまで豊富な品揃え。エレガントな大人の装い。

🏠 Ⓢ Level 4, Pavilion　☎ (03) 2142-5511
開 10:00～22:00　休 無休　Card ADJMV

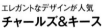

ストラップのキラキラがポイント。各RM259.90

昼 名物料理に舌鼓

マレーシア中華の実力店
ドラゴンアイ・ペキンダック
Dragon-I Peking Duck
「本場中国よりおいしい」と地元の人が自慢する中国料理の店。小籠包、ドライチリの鶏料理、ペキンダックが名物。

住 ⑤ Level 1, Pavilion
☎ (03) 2143-7688 開 10:00～22:00
休 無休
Card ADJMV

1 上海風小籠包RM13.8 2 四川風ドライチリと鶏の炒め物RM48

ハレの日のインド料理
ロイヤル・インディア
Royal India
オーセンティックな北インド料理が楽しめる。タンドール料理やバターチキンなど、どれもスパイスの香りがリッチで豊かな味わい。

住 ⑤ Level 6, Pavilion
☎ (03) 2143-3669 開 10:00～22:00
休 無休
Card ADJMV

シンガポール発の紅茶店
TWGティー
TWG Tea
開放感あふれるティーサロン。人気のアフタヌーンティー（平日13:00～18:00、土・日曜11:00～19:00）は、本国シンガポールより安価だそう。

住 ⑤ Level 2, Pavilion ☎ (03) 2142-9922
開 10:00～22:00 休 無休 Card ADJMV

1 人気のブラックティーRM159 2 アフタヌーンティーセットRM128（1人前）

ひと休みにぴったり
フード・リパブリック
Food Republic
チキンライスなど、人気のローカル料理を含むインターナショナルなフードコート。生絞りのフルーツスタンドも。

住 ⑤ Level 1, Pavilion ☎ (03) 2142-8006
開 10:00～22:00 休 無休 Card ADJMV

ドリンクの定番は、スイカジュースRM8

ピーナッツバターを塗ったトーストのセットRM12.30

TODO LIST 04
王道のモール、パビリオンへ

午後 リラックス&ビューティ

カップルルームもある
オリエンタル・シグネチャー
Oriental Signature
東側のエレベーター2階から中2階へ。照明を落とした空間でリラックスできる。足もみRM98（30分）～。

住 ⑤ Level 2M（ZONE E）& B1, Pavilion
☎ (03) 2142-8890 開 11:00～22:00
休 無休 Card ADJMV

ネイルケアまでしっかり
ブリン・ブリン・ネイル
Bling Bling Nail
マニキュア、ペディキュア、ジェルネイルに加えて、深爪ケアやまつげケアなど、施術メニューは幅広い。

住 ⑤ Level 6, Pavilion ☎ (03) 2143-6000
開 10:00～22:00 休 無休 Card ADJMV

夕方 おみやげを買う

お手軽みやげはスーパーで
メルカート
Mercato
定番みやげは、カヤジャム、ココナッツ菓子、自国産の紅茶。すぐに食べられるカットフルーツも充実。

▶ P.66

住 ⑤ Level1, Pavilion ☎ (03) 2143-0066
開 10:00～22:00 休 無休 Card ADJMV

マレーシア産の紅茶「ボー」のティーバッグRM10.70

新店舗が続々 Column
パビリオンは規模を拡大中。2016年にホテルを備えたパビリオン・エリートを開設し、その後ファーレンハイト88までの地下通路を新設。レストランやショップが増えている。

ナシ・レマッ
Nasi Lemak

マレーシアの代表料理。ココナッツミルクで炊いた香り豊かなご飯と、サンバル(辛味ソース)を混ぜて食べる。
▶詳細 P.24

POINT 1
マレーシア料理は
ご飯とおかず が基本

マレーシア人は米が好き。といっても、米そのものを単独で食べることはせず、味つけしたり、おかずを混ぜたり、カレーをかけたり、必ず何かと一緒に食べる。そのため、ご飯に合わせるおかずが非常に多い。

[例えばこの料理] ナシ・レマッ、ナシ・ブリヤニ、ナシ・チャンプル、経済飯、チキンライス。▶詳細 P.38

チキンライス
Chicken Rice

鶏肉をゆで、そのゆで汁で炊いたふくよかな味のご飯と鶏を一緒に食べる。酸味のあるチリソースや生姜ソースを付けるのが定番。

TO DO LIST
05
Cuisine

4つのポイントをおさえるべし
マレーシア料理を楽しむ

複数の民族がともに暮らすマレーシアの料理は、バラエティに富んでいる。言い換えれば、多彩な料理はマレーシアという国そのものだ。それらの核をなす4つのポイントを伝授しよう!

料理によっては手で食べるほうがおいしいですよ。

チキン・カレー
Chicken Curry

ポピュラー度No.1。ココナッツミルク入りで、辛さは比較的マイルド。鶏肉の骨からうま味がしっかり出ていてコク深い。

ロティ・チャナイ
Roti Canai

インドルーツの薄焼きパン。薄くのばした生地をたたんで層にして焼いたもので、外はサクサク、中はもちもちの食感。カレーにつけて食べる。

POINT 2
朝から晩まで
カレー

マレーシア人はカレーを365日食べる。なぜなら、多種多彩なカレーがあり、具を入れずにソースとして使うこともあるから。とろみは少なく、サラッとしたスープ仕立てのカレーが多く、スパイスの香り豊かか。

[例えばこの料理] チキン・カレー、トーサイ、ロティ・チャナイ、ロティ・ティッシュ、ムルタバ。▶詳細 P.40

Q&A

・マレーシア料理は辛い?
唐辛子を使う料理は多いが激辛料理はほぼ皆無。また、料理に辛味だれが別添えで出てくることも多く、自分好みの辛さに調節できる。

・衛生面は?
屋台の衛生面やドリンクの氷などは比較的問題ないが、魚介や肉で火の通っていないものがあったら注意。また、冷たいドリンクの飲み過ぎも控えよう。

・屋台?レストラン?
屋台はひとつの料理を専門に扱っているので、お目当ての料理があるなら、屋台に行こう。レストランはいろんな料理が一度に食べられて便利。

\POINT/ 3 手打ちの弾力、生麺のなめらかさ
麺天国

マレーシアの麺はどこで食べてもハズレなし！ 手打ちや生麺は当たり前で、細麺、太麺、ちぎり麺など形状はさまざま。あっさり味のスープ麺、濃厚カレー麺、たれをからめた油そば麺など種類も豊富。
［例えばこの料理］パンミー、チャークイティオ、ニョニャ・ラクサ、ワンタンミー、ミー・ゴレン。▶詳細 P.42

チャークイティオ
Char Kway Teow
米の麺を炒めたもの。香ばしいサンバルソースの風味に、もっちとした麺の食感が特徴。具はエビ、中華ソーセージ、モヤシなど。

パンミー
Pan Mee ／ 板麺
つるりとなめらかなのど越しの麺を煮干しのあっさりスープでいただく。うどんによく似ていて、日本人のファンも多い。

\POINT/ 4 多民族が生んだ
食のバラエティ

マレーシアには、マレー系、中国系、インド系という、おもに3つの民族がいる。料理は民族のルーツと密接に結びついていて、例えば麺は中国系、カレーはインド系の食事。そこから多様な食文化が生まれた。
［例えばこの料理］マレー系はナシルマッ、ルンダン。中国系は麺全般、チキンライス。インド系はカレー全般。

右記はマレー語表記のもの。そのほか、英語や中国語でのメニュー表記も多いので、理解しやすい。

マレー料理はココナッツミルクが大事です。

チキンライスは中国ルーツの料理だね。

本場インドにも負けないカレーだよ。

役に立つ用語集

□ nasi	ナシ	ご飯
□ mee	ミー	麺
□ roti	ロティ	パン
□ ayam	アヤム	鶏肉
□ daging	ダギン	肉、牛肉
□ ikan	イカン	魚
□ udang	ウダン	エビ
□ telur	トゥロー	卵
□ teh	テ	紅茶
□ kopi	コピ	珈琲
□ goreng	ゴレン	炒める、揚げる
□ bakar	バカール	焼く
□ pedas	プダス	辛い
□ manis	マニス	甘い
□ masam	マサム	酸っぱい
□ sedap	スダップ	おいしい
□ bill	ビル	勘定
□ bunks	ブンクス	持ち帰り

・屋台の選び方は？
客が多い店を選ぶのが鉄則。また、宿泊しているホテルの受付の人に聞くのも手。屋台で注文に迷ったら、隣に座っている人におすすめの料理を尋ねてみよう。

・お酒事情は？
レストランや中国系の屋台ではお酒を提供しているが、マレー系やインド系の屋台では提供していない。スーパーやコンビニではいつでも買える。

・トイレ事情は？
屋台や食堂のトイレは、残念ながらおすすめできない。ホースの水で洗浄するため床が水でぬれていることも。ショッピングモールやホテルのトイレで済ませておこう。

ナシルマッは1日中いつでも食べられるが、本来は朝ご飯。ホテルの朝食ビュッフェには必ずある。

マレーシア人が愛してやまない Nasi Lemak
ナシルマッを徹底解剖

民族や世代を超えて好まれ、マレーシア人の
心のよりどころといっても言い過ぎではないナシルマッ。
ナシルマッを食べずして、マレーシア料理は語れない。

Column

マレーシアの国民食 ナシルマッとは？
古くは農作業の前に食べていた栄養満点の食事。2016年には米誌『タイム』が"バランスのよい食事"として「世界のヘルシー朝食・第9位」に認定した。三角包みのお手軽版は朝食によく食べられている。

＼ これがナシルマッの基本 ／

ナシルマッは下記の6種（黄色）とメイン（この場合は鶏から揚げ）で構成されている。サンバル以外はどれもシンプルな味で食べやすい。全部混ぜて食べるのが現地流。

サンバル Sambal
唐辛子、タマネギ、砂糖などを多めの油で炒めて作る甘辛ソース。

鶏から揚げ
Ayam Goreng
スパイスに漬け込んで揚げている。オプション扱い。

キュウリ Timun
箸休めにぴったりのみずみずしさ。サンバルとの相性も抜群。

ご飯 Nasi Lemak
ココナッツミルクで炊いたご飯。味というより、食欲をそそる甘い香りをつけるため。

煮干し Ikan Bilis
カリカリに素揚げ。塩気が強めで、まさにご飯のお供。（キュウリの下にある）

ピーナッツ Kacang
カリカリの食感で、軟らかいご飯に混ぜるとさらに美味。

卵 Telur
ゆで卵、もしくは目玉焼き。サンバルの辛味をやわらげる役割。

1 ナシルマッと鶏から揚げ
Nasi Lemak & Ayam Goreng
甘辛サンバルと香り高いココナッツご飯の相性が抜群でやみつきになる。店によって味が違うサンバルにハマる人も多い。RM12.3。

---

1 知らない人はいない名店
ビレッジ・パーク・レストラン
Village Park Restaurant

ふっくら蒸したココナッツご飯、コク深い辛さのサンバル、カリカリ皮の鶏から揚げにハマる。中心地から離れているが行く価値あり。

Map P.130-A1

住5, JI SS 21/37, Damansara Utama, Petaling Jaya 電012-273-8438 (携帯) 開7:00～17:30 料ハリラヤ・プアサ 料ナシルマッ・ビアサRM3.80 Card不可 交KL中心部から車で約20分

2 ローカルカフェチェーン
オールドタウン・ホワイトコーヒー
Old Town White Coffee

ローカル料理をおしゃれなカフェスタイルで提供。ショッピングモールや空港など各地にあり海外にも展開。ひとりでも気軽に利用できて便利。

Map P.139-D1

住L4.14, Nu Sentral 電(03) 2276-1886 開10:00～22:00 休無休 料カヤトーストRM7.80 Card MV 交KLセントラル駅直結 他KLIA店など

3 味も立地もマル！
マダム・クワン
Madam Kwan's

ショッピングモール内にチェーン展開。マレーシアの代表料理を網羅したメニュー構成で、家族連れや若者たちまで幅広い年齢層に人気。

Map P.135-C2

住Level 4, Suria KLCC 電(03) 2382-2828 開10:00～22:00 休無休 料メインRM17～ Card MV 交LRT KLCC駅直結

ナシルマッを徹底解剖

マルハイミさん

ナシルマッは、マレーシア人のソウルフードです。日本人のおにぎりと同じで、ないと困ります。

子供の頃、学校の売店で買ってよく食べたよ。なぜならお小遣いで買える安さだったから。

リムさん

パヴァン夫妻

ココナッツミルクのリッチな香りが最高です。子供たちも大好きなので、家でもよく作ります。

2 | イカサンバル付きナシルマッ
Nasi Lemak with Sambal Sotong

辛いサンバルソースで炒めたイカが付いたナシルマッ。パンチの効いた辛さで、食べ進めるごとに汗がジワッと出る。RM23.20。

バナナの葉のアロマでココナッツミルクの香りがより引き立ちます！

ナシルマッ
Nasi Lemak

ニョニャ料理店の青いナシルマッ。青色は花の天然色で、味は通常のナシルマッと同じ。RM16.90。
Data P.59

ナシルマッ・パケット
Nasi Lemak Packet

三角状に包まれているのは、持ち帰り用。バナナの葉の包みを開けると、基本の6種の具とご飯がぎゅっと詰まっている。RM5.30。ニョニャ・カラーズ **Data** P.46

3 | ナシルマッ
Nasi Lemak

濃厚なココナッツミルクで炊き上げたリッチな香りが特徴。チキンカレー付き。RM25.90。

マレーシア人は、こんなにナシルマッが好き！

CASE 1 あの店にもナシルマッ

マクドナルドやKFCといったファストフード店。メニューを見ると、ちゃっかりとナシルマッがある。マクドナルドは、目玉焼き付きの本格派。

CASE 2 期間限定のコラボに注目

\Check!/

ナシルマッ味のポテトチップス、ナシルマッフレーバーのペプシなどがSNSで話題に。マレーシア人はナシルマッと聞くと、思わず反応してしまうようだ。

高級ホテルの安い料金を見つけるには、まず公式サイトをチェック。最低価格保証をしているブランドチェーンも多い。

南国リゾート気分も満喫

KLだからこその高級ホテル
滞在のススメ

クアラルンプールは高級ホテルのコスパがとてもよく
世界の都市ランキングで常に上位に入っている。
憧れの高級ブランドのホテル滞在もKLなら難しくない。

クアラルンプールの
高級ホテル
7つのメリット

Point 01
宿泊料金が安い

誰もが知っているような高級ホテルブランドでもプランや時期によって1万円台で泊まれることも。

レストランもコスパがよく質が高い（ザ・リッツ）

Point 02 設備が調っている

世界のほかの大都市と比較しても劣らない規模と設備を誇るホテルが多い。

ツイン・タワーが見えるクラブルーム（マンダリン）

Pick Up

豪華さは名門ホテルならでは
マンダリン・オリエンタル・クアラルンプール
Mandarin Oriental Kuala Lumpur

ペトロナス・ツイン・タワーのすぐ近く、KLCC公園に面して立っていてロケーションから設備、サービスまですべてが抜群。屋外のインフィニティプールの眺めと雰囲気はKL随一。

▶ Map P.135-C2

🏠KLCC 📞(03) 2380-8888 🏢マンダリンオリエンタル・ホテル・グループ・リザベーション・オフィス Free0120-663-230 料デラックス RM700〜
URLwww.mandarinoriental.co.jp 交LRT KLCC駅から徒歩約10分

中心地にそびえる最高級ホテル
フォーシーズンズ・ホテル・クアラルンプール
Four Seasons Hotel Kuala Lumpur

レストランやスパ、低層階にはデパートを備えた充実の設備。部屋は白を基調としたエレガントなしつらえで、旅の疲れを癒やしてくれる。ペトロナス・ツイン・タワーから歩いてすぐの立地。

▶ Map P.135-C2

🏠145 JI, Ampang 📞(03) 2382-8888
料シティビュールームRM1100〜
URLwww.fourseasons.com/kualalumpur/ 交LRT KLCC駅から徒歩約5分

Point 03 ロケーションがいい

ほとんどが市内の中心部に位置するので、どこへ行くにも便利。

ペトロナス・ツイン・タワーから歩いてすぐ（フォーシーズンズ）

オーキッドルームのアフタヌーンティー（マジェスティック）

Point 04 サービスがいい

マレーシア流のホスピタリティあふれるサービスはとても心地いい。

女性のセラピストが癒やしてくれるスパ（マジェスティック）

Point 05 雰囲気がいい

スタイリッシュだったりマレーシアらしさがあったり、それぞれが独特の雰囲気。

Point 07 リゾート気分も味わえる

熱帯の都市だけにプールやバーなどは南国リゾート感もいっぱい。

ザ・リッツの部屋は広々

Point 06 部屋が広い

ひと部屋をファミリーやグループで使っても窮屈ではないのでお得に使える。

プールサイドはリゾートのよう（マンダリン）

ブティックホテルとしてのよさをもつ
ザ・リッツ・カールトン・クアラルンプール
The Ritz-Carlton, Kuala Lumpur

アジアとヨーロッパが融合した趣があり、にぎやかな繁華街ブキッ・ビンタンにありながら、落ち着いた滞在ができるのが特徴。巨大ショッピングモールのパビリオンも近い。

▶Map P.133-C2

住168, Jl. Imbi 電(03) 2142-8000 予ザ・リッツ・カールトン東京予約センター Free0120-853-201 料デラックス RM810〜 URLwww.ritzcarlton.com
交MRT／モノレール ブキッ・ビンタン駅から徒歩約8分

マレーシアの伝統が生きる極上ホテル
ザ・マジェスティック・ホテル・クアラルンプール
The Majestic Hotel Kuala Lumpur

マレーシアらしさという点では群を抜く。植民地時代の建物を生かし、華やかなIL時代の優雅な雰囲気でいっぱい。ドアマンのユニホームは当時の警察の制服がモチーフで、記念撮影に人気。

▶Map P.137-D3

住5, Jl. Sultan Hishamuddin 電(03) 2785-8000 料デラックス RM600〜 URLwww.majestickl.com
交KLセントラル駅から無料送迎バスで約10分

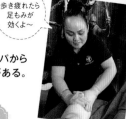

TO DO LIST

07
Massage

心も体もリフレッシュ！
極楽マッサージ

歩き疲れたら
足もみが
効くよ～

クアラルンプールには、予約なしで立ち寄れるお手軽スパから一流ホテル内の贅沢スパまで、さまざまなタイプの店がある。リーズナブルな価格なので気軽に試してみよう。

町なかスパ
町歩きの間に立ち寄りたいおすすめの癒やしスポット

フェイシャル

一流のスキンケア
クラランス
Clarins

フランス発の化粧品ブランドが手がけるエステサロン。最新のマシンを使った肌ケア、熟練テラピストによるハンドマッサージなどメニューは多数。旅行客でも気軽に利用できる。

▶ Map P.130-B1

住 ⑤Bangsar Shopping Centre, 2nd Floor 電(03)2282-4881 開10:00
～22:00 休無休 料フェイシャル・ブライトリング・アクティベーターRM269
(60分) CardADMV 交MRTプサッ・バンダー・ダマンサラ駅から徒歩約15分

タイ式

個室でリラックス
タイ・オデッセイ
Thai Odyssey

ブキッ・ビンタン通りに面したモール内にあり、照明を落とした静かなリラックス空間。タイ人テラピストによる全身マッサージは、ストレッチ中心の本場の技。予約がおすすめ。

▶ Map P.133-C2

住 ⑤Fahrenheit 88, 2nd floor(→P.64) 電(03)2143-6166
開10:00～22:00 休無休 料タイ式マッサージRM138(60分) CardMV
交MRT／モノレール ブキッ・ビンタン駅から徒歩約5分 他ミッドバレー店など

モロッコ式

スチームバスですっきり
ハマム
Hammam

サウナで体を温め、全身のスクラブやボディパック、泡風呂で癒やされるモロッコ式のスパ。幾何学模様の装飾が異国情緒あふれる店内で、蒸気で温まった大理石の上での施術が特徴。

▶ Map P.132-B2

住 ⑤Lot 10, Isetan The Japan, Level 2F(→P.64) 電019-643-0881
料リバイタライジング・ハマム・リチュアルRM218
CardMV 交MRT／モノレール ブキッ・ビンタン駅からすぐ

中国式

ブキッ・ビンタンの穴場
オリエンタル・シグネチャー
Oriental Signature

ブキッ・ビンタンの高級ショッピングセンター・パビリオン敷地内の店舗だがリーズナブルな値段設定。各種マッサージのほか、マニキュアやイヤーキャンドルなどもできる。

▶ Map P.133-C1

住 ⑤Level 2M(Zone E) & B1, Pavilion 電(03)2142-8890 開11:00～22:00
休無休 料フットマッサージRM128(60分) CardADJMV
交MRT／モノレール ブキッ・ビンタン駅から徒歩約5分

中国式

ビルの2階にある癒やしスポット
良心
Liang Xin

外観からは想像できない広い店内。週末は混んでいる。クッションの効いたソファ席は、隣との距離が適度にあり、ゆっくりくつろげる。現地で暮らす日本人の常連も多い。

▶ Map P.132-A2

住Wisma Bukit Bintang1F, 28 Jl. Bukit Bintang 電(03)2145-2663
開10:00～0:00 休無休 料足もみRM100(60分) CardMV
交MRT／モノレール ブキッ・ビンタン駅から徒歩約5分

中国式

気軽に通える
ヒーローズ・ウェルネス
Heroes Wellness

ショッピングモール内にあるマッサージ店。友人とおしゃべりをしながらフットマッサージを受けることができる。店主の趣味で店内は映画館のよう。テラピストの腕もいい。

▶ Map P.132-B2

住 ⑤Sungei Wang Plaza, Lot LG-100(→P.64) 電(03)2110-1390
開10:15～20:30 休無休 料フット＆ショルダーRM55(40分) CardMV
交MRT／モノレール ブキッ・ビンタン駅直結

Q&A

• どんなマッサージが受けられる?

主流はタイ式と中国式。設備の調ったスパであれば、伝統のハーブボールやカッピングも受けられる。また、オイルマッサージも定番。

• 予算やチップについて知りたい

町なかスパのフットマッサージは2500～3500円、全身の指圧は3000～5000円(1時間)で、日本と比べお手頃価格。基本的にチップはなし。

• 店やテラピストの選び方は?

町なかの安いマッサージ店を利用する場合は、全身ではなくフットマッサージが無難。女性客は、女性のテラピストを指名したほうが安心。

ホテルスパ
ゆったりとした時間が流れる身も心もとろける贅沢スパ

五感を刺激する極上空間
スパ・ビレッジ・クアラルンプール
Spa Village Kuala Lumpur

窓の外に緑が見えるトリートメントルームは、まるでリゾートの高級スパのような雰囲気。おすすめは、天然のアロマオイルを使った伝統のマレー式マッサージで、テラピストのひじを使ったロングストロークが特徴。また、ほかにはない瞑想スパは、忙しい現代人にぴったりのメニュー。施術に使用している上質なスパグッズは、併設のショップで購入できる。

▶ **Map** P.133-C2

住 H The Ritz-Carlton, Kuala Lumpur(→P.27) ☎ (03) 2782-9090
開 12:00～21:00 料 マレー伝統マッサージRM348(50分)
Card ADMV 予 要予約 交 MRT／モノレール ブキッ・ビンタン駅から徒歩約8分

ゴッドハンドで癒やされる
ザ・スパ・アット・マンダリン・オリエンタル
The Spa at Mandarin Oriental

スリアKLCCの横という抜群の立地にあるマンダリン・オリエンタル・クアラルンプールのスパは、ゲストそれぞれの状態に合わせたトリートメントが人気。まず、ていねいなカウンセリングからスタートし、その人に合わせたアロマオイルの選択など、心と体をトータルでケア。英国式のアロママッサージは、天然オイルを使用したもので、熟練のテラピストの技で癒やされる。

▶ **Map** P.135-C2

住 H Mandarin Oriental Kuala Lumpur(→P.26)
☎ (03) 2179-8772 開 10:00～21:00 料 アロマテラピー・マッサージ
RM487.60(60分) Card ADMV 予 要予約 交 LRT KLCC駅から徒歩約15分

サルがいるので食べ物や帽子を取られないようにしよう 光の帯が落ちてくる 象頭の神ガネーシャなどの像もある

KTMの本数は平日の通勤時間帯以外は極端に少ない。余裕をもって出発し、帰りの時間は到着時に確かめておこう

TO DO LIST 08

ヒンドゥー教の聖地

パワースポットで エナジーチャージ

Spiritual Sites

最寄りのバトゥ・ケーブス駅はクアラルンプールの
郊外鉄道KTMコミューターの北の起終点のひとつなので、
電車で往復が可能。そのすぐ東に広い聖域が広がっている。
圧巻は何といっても最奥に本殿がある巨大な洞窟だ。

幻想的な世界を体験

バトゥ洞窟　Batu Caves

金色に輝く巨大な神像の足元から272段の急な階段を
上ると、岩壁にぽっかりと口を開けた巨大な鍾乳洞の入
口がある。天井に開いた穴からは光が差し込み実に神
秘的で祈りをささげる人々の姿が絶えない。階段はかな
り急なので、ゆっくり行こう。

▶Map P.130-B1

住Gombak, Batu Caves
開7:00~21:00 休無休 料無料 交KTMバトゥ・ケーブス駅直結

Column

ヒンドゥー教の神様たち

ヒンドゥーの神様たちは多くの顔と異名をもち、複雑で把
握するのは簡単ではない。最奥の神殿はスブラマニアン
と呼ばれる軍神のもので、ヒンドゥーの最高神シヴァ
の次男スカンダと同一でその異名。正面入口の巨
大な金の像がムルガン神で、それが仏教に帰依し
たのが日本での韋駄天（いだてん）とされている。

ボクら
もいるよ。
荷物には
注意してね

バトゥ洞窟の 楽しみ方

洞窟の入口には食堂施設が並び、インド式のスナック菓子なども売られているので買ってつまむのも楽しい（サルには注意）。庭園のような施設もあり、のんびり散歩もできる。

ヒンドゥー教の大祭 「タイプーサム」

ヒンドゥー教徒の人々による宗教儀礼。信者が苦行として昏睡状態で針を体に刺して飾りつけて行進する。1月下旬から2月上旬に行われ、期間中200万人以上の信者であふれる。

バトゥ洞窟で 注意すること

神聖な場所なので服装には気を使おう。短パンや短いスカートでも洞窟内には入れるが、神殿などは遠慮すべき。雨が降ると非常に滑りやすいので、足元には十分注意しよう。

息をのむほど
美しい

BLUE

ロープも
ブルー！

**KL近郊のシャーアラムで
最も有名な建造物**

スルタン・サラフディン・
アブドゥル・アジズ・シャー・モスク
Masjid Sultan Salahuddin Abdul Aziz Shah

通称「ブルー・モスク」で知られている。世界で
4番目の規模といわれる大きなモスクで、青い
ドーム型のブルーの屋根が特徴的。142.3m
のミナレットは世界屈指の高さを誇る。入場の
際は無料でローブの貸し出しあり。幾何学模
様の装飾やステンドグラスは必見。

Map P.135-C1

住Persiaran Masjid, Shah Alam TEL(03) 5523-8006
開8:00～13:00、14:00～16:00 ※金曜は12:15～
14:45休み※礼拝の時間は見学不可 休ハリラヤ・プア
サ、ハリラヤ・ハジ 料無料 交KTMシャー・アラム駅から
車で約10分 ※メールはmssaas@jais.gov.my（英語）

事前に電話またはメールで予約
してくだされば、30分～1時間かけ
てモスク内を日本語でご案内しま
す。撮影も可能です。
ボランティアガイド 池田悠子さん

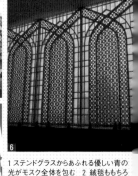

1 ステンドグラスからあふれる優しい青の
光がモスク全体を包む　2 絨毯ももちろ
ん青で統一 3 壁のタイルにも注目 4 男
性は1階、女性は2階で礼拝する。写真
は1階の礼拝堂 5 モスクでは珍しいシー
スルーの天井　6 幻想的な世界に迷い
込んだよう

PINK

フォトジェニック・モスクで癒やされたい

クアラルンプールから少し足を延ばせば
こんなすてきなモスクに出合える。
荘厳な趣のブルーと華やかなピンクに
どっぷり浸りたい。

ピンクのローブで
記念撮影

入場の際は無料でピンクのローブを貸してもらえます。モスク周辺にはお客さま待ちのタクシーがいないので、帰りの足を確保していらしてください。

プトラジャヤ湖のほとりにたたずむ
プトラ・モスク Masjid Putra

行政の中心都市、プトラジャヤの人工湖に浮かぶように立っている。すべてがピンク系で統一されているのでかわいいと女性に人気。見学エリアが決まっているが、礼拝堂にも入ることができる（一部のエリアのみ）。

▶ Map P.130-B3

🏠 Putrajaya 📞(03)8888-5678 🕐土～木曜 9:00～12:00、14:00～16:00、17:00～18:00（金曜9:00～11:00、15:00～16:00、17:00～18:00）※礼拝の時間は見学不可
🚫 ハリラヤ・プアサ、ハリラヤ・ハジ 💴無料
🚉KLIAトランジット プトラジャヤ＆サイバージャヤ駅から車で約10分

1 天井のドームに施されたステンドグラス。すべての色をピンクに染める　2 外観もじっくり眺めたい　3 アラベスク模様や美しいカリグラフィが描かれたドーム　4 敷き詰められたピンク色の絨毯　5 細部にまでこだわった礼拝堂内部は必見

都心から離れた地方都市の魅力は、観光客向けでないマレーシアらしさが見えるところ。

2階建ての家の壁に大きく描かれたコーヒーを飲む人

町のあちこちにある
ウオールアート！

1 奥行きを感じる喫茶店の絵 2 華人の多いイポーの町を表現

TO DO LIST 10

One-day Trip

日帰り旅に出かけよう
美食とアートの町 イポー

クアラルンプールとペナンの中間に位置するイポー。
緑の山々に囲まれた水がきれいな町で、
その水の恵みで育まれた名物料理がたくさん。
また、町を彩るノスタルジックなウオールアートは
風情があり、写真スポットとしても楽しめる。

テーマはイポー人の日常
ウオールアート Wall Art

ペナン島で人気のウオールアートが、2014年より、イポーのオールドタウンにもお目見え。ショップハウスの外壁に描かれた絵は、実物のアイテムと組み合わせることで、飛び出す絵本のように立体的にみえる。コーヒー店でくつろぐ人や遊ぶ子供など、イポーで暮らす人々の日常が描かれている。

エッグタルトとカスタード
Egg Tart & Custard

卵のリッチな風味が特徴のエッグタルトはイポー人の好物。また、レストランでカスタードというメニュー名があったらプリンのこと。これもイポーで人気のデザート。

町のあちこちで売られているエッグタルト。カスタードは柔らかい食感

イポーへの行き方

KLセントラル駅発着の高速鉄道ETSで約2時間30分。到着するイポー鉄道駅は、コロニアルの建築様式を取り入れた町のシンボル。

イポーの特徴

スズの採掘場として経済発展を遂げた町。人口の6割以上が中国系で、石灰岩の洞窟内に造られた中国寺院は一見の価値がある。

洞窟寺院のサン・ポ・トン

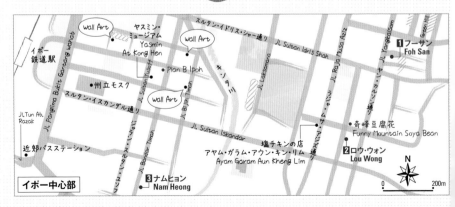

イポー中心部

Wall Art
ヤスミン・ミュージアム
Yasmin At Kong Hen
Wall Art
イポー鉄道駅
Plan B Ipoh
州立モスク
スルタン・イスカンダル通り
Wall Art
スルタン・イドリス・シャー通り
Jl. Sultan Idris Shah
1 フーサン Foh San
Jl.Tun Ab. Razak
Jl. Sultan Iskandar
近郊バスステーション
奇峰豆腐花 Funny Mountain Soya Bean
塩チキンの店 アヤム・ガラム・アウン・キン・リム Ayam Garam Aun Kheng Lim
2 ロウ・ウォン Lou Wong
3 ナムヒョン Nam Heong

N

0   200m

ポメロ

イポーは、人気の果物ポメロの生産地。市内から車で約10分の大通り沿いにはポメロ屋台が並び、ポメロの像もある。

ポメロの像！

イポー名産

イポーでグルメ散歩

名物は、味の濃い"カンポン・チキン"（地鶏）とイポーの天然水で育ったシャキシャキのモヤシ。また、点心の店は朝7:00から大にぎわい！

イポーは美食の宝庫だよ！

ふるふるの豆腐花は、行列のできる店「奇峰」がおすすめ

エビ焼売、エビ蒸し餃子、豚腸粉がおすすめ

天然の地下水で育てたモヤシはみずみずしい食感

コーヒーは甘くて濃厚な香り。持ち帰りはビニール袋入り

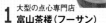

1 大型の点心専門店
富山茶楼（フーサン）
Foh San

地元の人にも観光客にも人気の店。アツアツの点心が次々にワゴンで運ばれてくるので、食べたいものを選ぶ。庶民的で活気のある雰囲気もいい。

▶ Map P.34

住51.Jl. Leong Sin Nam 電(05) 254-0308
開7:00～14:30 休火曜 料点心RM6～ Card MV
交イポー鉄道駅から車で約10分

2 イポー名物といえばここ
老黄芽菜鶏（ロウ・ウォン）
Lou Wong

イポーを美食の町として有名にしたのが、地鶏を使ったゆでチキンとモヤシ。ほどよい食感の鶏肉と醤油ベースのたれをかけたもやしのコンビは最高。

▶ Map P.34

住49.Jl. Yau Tet Shin 電(05) 254-4199 開10:30～
21:00 休中国正月 料チキンライスRM15.5～
Card不可 交イポー鉄道駅から車で約10分

3 昔ながらの喫茶店
南香茶餐室（ナムヒョン）
Nam Heong

全国に展開するコーヒーチェーン店「オールドタウン・ホワイトコーヒー」の本家。1958年創業で、今も地元の人に愛されている。エッグタルトが名物。

▶ Map P.34

住Jl. Bandar Timah 電012-588-8766(携帯)
開6:30～16:30 休不定休 料珈琲RM2.5～
Card不可 交イポー鉄道駅から徒歩約10分

フォトジェニックな水上家屋が立ち並ぶ
海鮮グルメの島ケタム
Ketamu Island

KLから西へ約30kmの港町ポート・クラン。その沖さらに10kmに浮かぶのがケタム島だ。島の名はカニを意味し、名物はカニをはじめとする海鮮料理。パステルカラーに塗られた漁民たちの水上家屋が立ち並び、実にのんびりとした雰囲気に包まれている。

KLからのショートトリップ
▶ Map P.130-A2外

ケタム島への行き方

郊外電車KTMの西の終点ポート・クラン駅へ（約1時間）

改札を出て右に行けばすぐにフェリーターミナルがある

高速船に乗り30分ほど

ケタム島へ到着

ケタム島は民家も店も銀行もお寺もすべてが水上。それらは橋で迷路のようにつながり、徒歩や貸自転車で散策を楽しめる。かわいらしい色の家々は本当にフォトジェニック。

1 海鮮レストラン街は埠頭から歩いてすぐ 2 イカのフリッターなどは軽いランチに 3 名物のカニ

外国人にも人気
おしゃれタウンバンサーが楽しい

KLセントラルの西南部に位置するバンサー地区は、クアラルンプールでも指折りの高級住宅街。外国人駐在員に人気が高く東京の広尾や麻布のような所だ。なかでもバンサー・ビレッジというショッピングモールを中心とする一帯には、おしゃれなやカフェやレストラン、バーが集まり、週末ともなると夜遅くまでにぎわう。

バンサー・ビレッジから2kmほど北にあるバンサーショッピングセンターもハイエンドのショップが多く人気。

バンサーへの行き方

LRTバンサー駅が最寄りだが、駅前付近は地区の中心ではない。いちばんにぎやかなバンサー・ビレッジ付近までは駅から西へ徒歩約20分あるいは車で約5分。

一帯は高級住宅地

小規模ながら品のあるモール
バンサー・ビレッジ1, 2&3　Bangsar Village 1,2&3

道を挟んで立つ3棟で構成されるモールで、高級志向のスーパーマーケットをはじめ、レストランやカフェ、洋服や宝飾品から生活用品まで、あらゆるテナントが入っている。こだわりのセレクトによる各種ショップは見て歩くだけでも楽しい。

▶ Map P.130-B1

住1, Jl. Telawi 1, Bangsar Bar 電(03) 2282-1808 営10:00～22:00(店により異なる) 休無休(店により異なる) Card店により異なる

1 コンパクトにまとまったモールが3棟、専用の歩道でつながっている 2 イベントに合わせて装飾 3 スーパーには各国からの輸入食品もある 4 おしゃれな雑貨店。センスのよいセレクトの店が多い

バンサーのおすすめレストラン
ガジャ・アット・エイト　Gajaa at 8

地元の人がハレの日に集うレストラン。南インド・ケララ州の料理を忠実に再現し、肉から海鮮料理まで揃う。ウエルカムドリンクやアツアツのデザートなど、モダンな演出も見事。

▶ Map P.130-B1

住No.8, Lorong Maarof, Bangsar Park 電(03) 2210-7369 営11:30～15:00、18:00～22:00 休無休 CardMV

1 スタイリッシュな店内 2 ホウレンソウとダルのベジカレー(RM25) 3 ローカル菓子「アバン」を進化させた人気デザート

\ Check!/
バンサー・サウスにも注目

バンサー・ビレッジから南へ2.5kmほどのバンサー・サウスと呼ばれる地区には、コンベンション施設CCEEを中心に、近年おしゃれなカフェやレストランが急増中で、感度の高い在住者たちに人気がある。こちらの最寄り駅はバンサーではなくLRTユニバーシティなので注意。

VEホテル & レジデンス
VE Hotel & Residence

バンサー・サウスにあるスタイリッシュなホテル。プールサイドのレストラン、サウナなど施設が充実。またバンサー・サウス地区には日本食店やスーパーが揃っているので、特に子供連れの旅行者や長期滞在者に人気。

▶ Map P.130-B1

住No. 8, Jl. Kerinchi, Bangsar South 電(03) 2246-2888 料デラックスRM270～ URLwww.vehotel.com/ 交LRTユニバーシティ駅から徒歩約20分

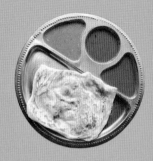

KUALA LUMPUR
GOURMET

Nasi Lemak, Curry, Noodle, Bak Kut Teh, Fruits,
Sweets, Afternoon Tea, Dim Sum, etc.

アジア随一の多民族グルメ大国

日本ではまだまだ認知度が低いが、
マレーシアは多民族国家ゆえに食文化も実に多彩。
融合や植民地時代の影響もあってさらに豊かだ。

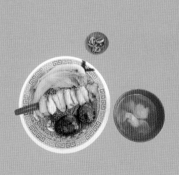

食事の基本はご飯とおかず

のっけご飯 vs 炊き込みご飯

マレーシアの米はパラパラ食感のインディカ米なので、丼飯のようにおかずと混ぜて食べるとおいしい。多種のおかずでご飯も進む！

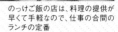

のっけご飯の店は、料理の提供が早くて手軽なので、仕事の合間のランチの定番

手を使うと混ぜやすいよ

スープやソースもご飯にかけてね

多種並んだおかずのなかにカレーを発見したら、ソースだけご飯にかけてみよう。無料でおいしい。

❶ ナシ・チャンプル
NASI CAMPUR

"ナシ"はご飯 "チャンプル"は混ぜる。ご飯とおかずを一緒に食べる料理の総称で、値段はおかずによって異なる。写真のものでRM18。

ナシルマッ
NASI LEMAK

ココナッツミルクで炊いたご飯に、サンバルとおかずを混ぜて食べる。屋台だと、おかずが選べることも。RM27.90。
マダム・クワン
▶ Data P.24

のっけご飯
ご飯の上におかずをのせ、混ぜて食べるワンプレートご飯。マレーシア人は何でものっけるので、見た目は美しくないけれど、食べてみれば驚きのうまさ！日本人の舌にも合う。

チキンライス
CHICKEN RICE
ゆで鶏とご飯のコンビ。別々の皿で提供されてものっけて食べる。RM13.90。
南香 ▶ Data P.52

ナシカンダー
NASI KANDAR
ナシ・チャンプルのインド料理版。マレー語でカンダーと呼ぶ天秤棒で行商していたのが名前の由来。写真のものでRM19.05。
ナシ・カンダー・ブリタ
▶ Data P.41

---

❶ おかずの種類に圧倒される
カッ・ソム
Kak Som

20〜30種のマレー系のおかずが常時揃う人気店。また、クアラルンプールではなかなか食べられない地方の名物料理「ナシクラブ」にも注目。

▶ Map P.130-B1

住 No.13, Jl. Raja Muda Musa, Kampung Baru **電** 017-613-1195（携帯）**時** 7:00〜翌1:00 **休** 無休 **料** おかずRM5〜 **Card** 不可 **交** LRTカンポン・バル駅から徒歩約8分

❷ 空の下で乾杯
鴻記（ホンキー）
Hong Kee

チャイナタウンで夕方から営業。店の軒先を利用しているので開放感抜群。一つひとつ炊く土鍋ご飯のほか、サンバル味の魚のホイル焼きも名物。

▶ Map P.136-B2

住 83,Jl. Sultan,City Centre付近 **時** 18:00頃〜深夜 **休** 水曜 **料** おかずRM15〜、ビールRM10〜 **Card** 不可 **交** LRT／MRTパサール・スニ駅から徒歩約10分 **Menu**

炊き込みご飯

米好きマレーシア人の自信作が、ほくほくに炊き上げた土鍋飯。スパイスやハーブを入れたり、水の代わりにチキンスープで炊くなど、米の調理法にはとことんこだわりがある。

② クレイポット・チキンライス
CLAYPOT CHICKEN RICE

マレーシア版の釜めし。注文後に土鍋で炊き始めるので、できあがるまで約20分ほどかかる。RM18（Mサイズ）。

クレイポット・ブリヤニ
CLAYPOT BRIYANI

スパイスの効いたインド系の炊き込みご飯を土鍋で提供。RM22.50（エビ）。
レジェンド・クレイポット・ブリヤニ・ハウス ▶Data P.85

マレーシア人の普段の食事
のっけご飯の注文方法

1 ご飯をもらう

まず、店の人からご飯をもらう。次に、食べたいおかずを選ぶ。自分で盛りつける場合と、店の人によそってもらう2パターンがある。

2 おかずを3〜5種選ぶ

おかずはメインをひとつ選び、それに合わせて2〜3種の総菜を組み合わせるのがスマート。豆腐や卵のおかずは辛くないことが多い。

3 皿を会計係に見せて支払い

値段は、量ではなく、おかずの種類と数で決まる。海鮮系は時価なので、比較的値段は高い。カレーは具を入れずソースだけかけると無料。

ベジタリアンも人気です

インド系のベジタリアン料理
アナラクシュミ
Annalakshmi

カレー、おかず、デザートまで野菜のみで作られたインド系のベジ料理店。たくさん食べても胃は軽いまま。ランチビュッフェがおすすめ。

▶Map P.139-D1

🏠116,Jl. Berhala,Brickfields
☎(012)747-4895 ⏰11:30〜15:00、18:00〜22:00 休月曜 料ランチビュッフェRM30 CardMV 📍KLセントラル駅から徒歩約15分 Menu

中国系のベジタリアン料理
素食快餐中心 ベジタリアン・フードコート
Vegetarian Fast Food Centre

中国寺院の中にあるフードコート。すべて野菜で作られていて、経済飯（ご飯とおかずのコンビ）のほか、麺や点心まである。地元の人でにぎわっている。

▶Map P.135-C2

🏠161,Jl. Ampang ☎(03)2164-8055
⏰11:00〜14:30 休土・日曜 料おかずRM3〜、ドリンクRM2〜 Card不可 📍LRT KLCC駅から徒歩約10分

ママッストール（通称ママッ）に行ってみよう！
マレーシアは カレー天国

マトン、鶏、エビ、イカ、カツオ、魚卵、オクラなど、いろんなカレーがあるよ。

マレーシア人は毎日カレーを食べる。おやつも夜食もカレー。このカレー三昧の日々に欠かせないのが、ママッストール。安くておいしいカレーを食べにいこう。

具入りのおいしいカレーを食べたいなら別注文してね。RM5〜。

ロティに付いてくる無料のカレーソース（具はない）は2〜3種。オレンジ色が鶏味、赤色が魚味、茶色が豆味。

ロティ・チャナイ
ROTI CANAI

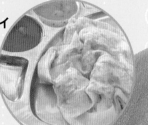

中はもちっ、外はさくっとした食感の生地をカレーソースで。マレーシア人自慢の軽食で、朝食の定番。

ロティ・チャナイ・ピサン

とろんと溶けた甘いバナナ（ピサン）入り。練乳をかければデザートに、カレーソースを付ければ甘＆辛の魅惑の味。

ロティ・ティッシュ
ROTI TISSUE

厚さ1mmの極薄の生地に、ザラメや練乳をたっぷり振りかけたもの。パリパリとした軽い食感のおやつ。

チャパティ

全粒粉の生地で作るチャパティ。カレーソースが無料で2〜3種付くが、カレーを別注文するのもおすすめ。

ムルタバ

薄い生地の中に、鶏や羊のミンチ肉を入れて鉄板で焼いた人気料理。タマネギの酢漬けやカレーソースつき。

「ナシカンダー・カユ」のママッ名物メニューだよ。

高さ、なんと1m！

とんがり三角の巨大ロティ・ティッシュ
上記のロティ・ティッシュを約4倍の長さで焼いた特大版。中は空洞なので軽いが「割れやすいので持ち運びが大変だよ」と職人。

ママッで目撃！驚きの職人技

くる〜っと生地をくるくる

ロティ・チャナイの生地を空中でのばす職人。この作業は非常に難しく、タオルや布を使って1年ぐらい練習するそうだ。

ママッストール (Mamak Stall) とは?

インド系の料理を提供する大衆食堂。ロティやトーサイなどの手軽な軽食 (価格帯RM1.5〜10) から、ミーゴレンなどの一品料理 (価格帯RM7〜20) までメニューは多数。24時間営業のことが多く、マレーシア版ファミリーレストランともいえる。

なぜマレーシア人はカレーをよく食べるの?

おもにイギリス統治時代にインドから移り住んだ先祖をもつインド系民族は、マレーシア人口の約7%を占めている。彼らが持ち込んだカレー文化は、常夏の気候にぴったり合い、今やマレーシアの日常食になった。

24時間営業でがんばってます。

トーサイ

豆で作った生地を発酵させ、クレープ状に焼いたもの。カレーソースにつけて食べる。南インドのドーサと同じ。

トーサイ・マサラ
TOSAI MASALA

クミンなどのスパイスで炒めたジャガイモが中に入っている。カレーソースとの相性が抜群で腹もちもいい。

ナン
NAAN

日本でおなじみのナン。ママッストールでも食べられる。タンドールで焼いているのでふかふかで美味。

カリーパフ
CURRY PUFF

カレー味のジャガイモを生地に包み、油でカラッと揚げたスナック。サクサクの食感で、おやつにぴったり。

人気の軽食
ロティ・チャナイの作り方

工程 1 材料をよくこねしばし発酵

小麦粉、塩、マーガリン (またはギー)、水を合わせてよくこね、常温で発酵させる。すると、伸び〜るタネに変化する。

工程 2 空中で回し生地をのばす

注文が入ってから、生地をのばす。ピザ作りと同じ、空中で生地を回し、およそ1mm以下の薄さまでどんどん広げていく。

工程 3 折りたたんで鉄板で焼く

鉄板の上に生地を広げたら、瞬時に正方形になるように折りたたみ、層になった状態のまま裏表をじっくり焼いて完成。

おすすめのママッストール

24時間営業
ナシ・カンダー・プリタ
Nasi Kandar Pelita

KLCC駅近くで便利な立地。英語の値段表記があり、初めてでもトライしやすい。24時間オープンしているが、ロティ・チャナイやトーサイなどの軽食は朝と夕方以降のみ。

▶ Map P.134-B2

住 No. 113, Jl, Ampang
電 (03)2162-5532　時 24時間営業　休 無休
料 軽食RM1.50〜　Card 不可
交 LRT KLCC駅から徒歩約10分
他 ブランチあり　英 Menu

ブリックフィールズの店
シタラム
SEETHARAM

KLセントラル駅近く、リトル・インディアと呼ばれる場所にある。地元の人気店で、値段も良心的。豆の粉で作る「ラドゥ」などのインド系スイーツも揃っている。

▶ Map P.139-C1

住 237 & 239-G, Jl. Tun Sambanthan, Brickfields　電 (03)2274-6722
時 7:00〜24:00　休 無休
料 軽食RM1.50〜　Card 不可　交 KLセントラル駅から徒歩約10分　英 Menu

おれらの麺は
世界一だよ。

屋台の麺には職人の
思いが込められている。
1杯の麺に賭けた職人
魂を味わうべし。

多種多彩な麺が味わえる

百花繚乱の多麺

ルーツを中国にもち、マレーシアで独自に
発展した麺料理。種類の多さや味のこだわ
りなど、麺にかけるマレーシア人の情熱は
すごい。麺好きなら迷わずマレーシアへ。

マレーシア人は麺をすすることはしない。スープ麺の場合、レンゲに麺とスープをのせてそのまま口に入れて食べる。

ニョニャ・
ラクサ
NYONYA
LAKSA

辛さ控えめのココナッ
ツカレー麺。エビやすり
身など具だくさんでゴー
ジャス。RM16.90。

プレシャス・オールド・チャイナ
▶Data P.59

ラクサといえば米粉の
麺を使うことが多いが、
この店では小麦粉の麺
とビーフンをミックス。

卵入りの細麺を使用。のど越
しがよくて弾力があり、たれ
がよく絡んでいる。

ワンタンミー
WANTAN MEE

コシの強い細麺を香味油ベースの特製
だれとあえて。焼き豚と麺を一緒にほお
ばれば、やみつきに。RM14(椎茸付き)。

**麺に付いてくる
小皿調味料を
見逃すな!**

唐辛子をベースに、柑橘系の果汁や
エビの発酵ペーストを加えた店自慢
の調味料。これを麺に少しずつ足して
味の変化を楽しもう。

現地で「イエローミー」と呼ば
れる中太の卵麺を使用。も
ちっとした弾力がある。

ミー・ゴレン
MEE GORENG

マレーシア版焼きそば。食欲をそそる
辛味にとき卵をからめるのが特徴。
RM6.35。
ナシ・カンダー・ブリタ
▶Data P.41

---

① 4代続く老舗
東莞仔(トン・クン・チャイ)
▶Map P.132-A2
Toong Kwoon Chye

ブキッ・ビンタン通
りにあるワンタン
ミーの名店。焼き
豚、ワンタン、麺ま
ですべて手作り
で、滋味深いおい
しさ。鶏スープで
煮込んだ肉厚の
椎茸も絶品。

住 9 Jl. Bukit Bintang
電 016-677-3291(携帯) 営 9:00〜15:00
休 無休 料 ワンタンミー=RM9〜
Card 不可 交 LRT／モノレール ブキッ・ビンタ
ン駅から徒歩約10分

---

② 牛肉麺専門店
新九如牛肉粉(シンクーイー)
▶Map P.136-B2
Sin Kiew Yee Beef Noodles

チャイナタウンに
ある牛肉麺の専
門店。軟らかい薄
切りの牛肉とコ
リッとした食感の
ホルモンのコント
ラストが絶妙。麺
は、卵麺やビーフ
ンなどから選ぶ。

住 7A,Jl. Tun Tan Cheng Lock
電 012-673-7318(携帯) 営 10:30〜16:30
休 水曜 料 牛肉粉RM10〜、ドリンクRM1.5〜
Card 不可 交 LRT／MRTパサール・スニ駅から徒
歩約5分 英 Menu

---

③ しこしこの手打ち麺が絶品
建記辣椒板麺(キンキン)
▶Map P.138-B2
Restoran Kin Kin

路地裏にあり、ご
く普通の店構えに
もかかわらず、在
住日本人がひっき
りなしに訪れる有
名店。具、麺、辛
味調味料の絶妙
なバランスは、ここ
だけの味。

住 No.40,Jl. Dewan Sultan Sulaiman 1,Off
Jl,Tunku Abdul Rhman,Chow Kit 電 010-220-
4322(携帯) 営 7:00〜17:30 休 中国正月
料 パンミーRM10〜 Card 不可 交 モノレール メ
ダン・トゥンク駅から徒歩約10分

好みの麺が選べる

「ビーフヌードル」「フィッシュボール・ミー」など、上にのっている具が麺の名前になっている料理は、麺を選べる。たいていビーフン、イエローミー（卵麺）、クイティオ（米麺）の3種が用意されていて、ミックスもOK。

麺は、毎朝その日に使うぶんだけ手作り。しことことコシのある弾力は生麺だからこそ。

温かいスープ麺は疲れを癒やします。

ビーフヌードルの麺は、客が好みのものを選ぶ。写真は卵麺をチョイス。

② ビーフヌードル
BEEF NOODLE

牛骨から取ったスープはほんのり甘く、暑さで食欲がなくてもさらっと食べられる味。具の牛肉も絶品。RM10。

現地で「クイティオ」と呼ばれる米粉の幅広麺。8mm幅が多いが、なかには太めのものも。

③ チリパンミー
CHILI PAN MEE

自家製の中細麺に、うま味が凝縮した辛味調味料をからめて食べる。豚そぼろ、温泉卵、小魚など具もたっぷり。RM10。

チャークイティオ
CHAR KWAY TEOW

麺界の花形的存在。コクのある辛味調味料で、幅広の米麺を香ばしく炒めたもの。具は豪華なエビ入り。RM27.90。
マダム・クワン ▶ Data P.24

あなたはスープ派？それともドライ派？

「ワンタンミー」「パンミー」「ビーフヌードル」などは、注文の際に「スープ」か「ドライ」かの調理法を選べる。ドライとは汁なし麺のことで、日本でいうなら油そばに近い（写真上はワンタンミードライ。下はワンタンミースープ）。

まだまだあります！

ほかの麺料理紹介

フィッシュボール・ミー
FISH BALL MEE
あっさり透明なスープに、魚のすり身。写真の黒いのは、磯の香りたっぷりの海苔。

客家麺
HAKKA MEE
平べったい約5mm幅の細麺に、豚そぼろ肉をからめて食べる。鶏スープのタイプもある。

カリーミー
CURRY MEE
スパイス際立つカレー麺。油揚げ、魚のすり身、ときに赤貝や鶏肉が具にのっている。

マレーシア料理は、見た目から想像できない味の料理が多い。それをひとつずつひも解いていくのが旅の楽しさでもある。

ビジュアルは驚くけど……
マレーシアの黒がうまい！

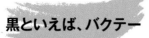

見た目の地味度100点満点でおいしそうに見えない（失礼！）黒い料理が、マレーシアには多い。なぜなら、あえて黒くしているから。黒い美食を紹介。

> 黒い料理はうまいよ！これ、マレーシアの流儀！

黒といえば、バクテー

> セパレートタイプと同じで、熟地黄という漢方と黒醤油による黒色。

> 黒の理由は、熟地黄という漢方と黒醤油。色は濃いが味は優しい。

❶ バクテー（セパレートタイプ）
BAK KUT TEH／肉骨茶

漢方と豚肉をじっくり煮込んだスープ料理。豚の部位ごとに注文するタイプで、それぞれの食感や味が楽しめる。RM32（排骨）。

❷ バクテー（土鍋タイプ）
BAK KUT TEH／肉骨茶

セパレートタイプとほぼ同じ味だが、スープ多めで、ごくごく飲める優しい味。スープは無料で注ぎ足してくれる。RM27。

---

1 部位ごとに注文
パオシャン・バクテー
Pao Xiang Bah Kut Teh

バクテーの町、クランの人気店のクアラルンプール支店。豚の部位ごとにメニューがあり、三枚肉（豚バラ肉）と排骨（スペアリブ）が特に人気。揚げパン（油条）と白いご飯も必ず頼もう。

住 ⑤ Level 4, Pavilion（→P.64）**電**（03）2148-6388 **営** 10:00～22:00 **休** 無休 **料** バクテーRM30～、副菜RM22～ **Card** M V **交** MRT／モノレール ブキッ・ビンタン駅から徒歩約5分 **英 Menu**

▶ Map P.133-C1

2 ごく飲みスープ
新峰肉骨茶（スン・ホン）
Sun Fong Bak Kut Teh

看板料理のバクテーのほかさまざまな料理が楽しめる。本来バクテーは朝食べるものなので、7:00から営業。卓上にある刻みニンニクと醤油だれをぜひ付けて。

住 35-39,41 Medan Imbi, Pudu **電**（03）2148-0905 **営** 7:00～23:00 **休** 無休 **料** バクテーRM28～、副菜RM28～ **Card** M V **交** MRT／モノレール ブキッ・ビンタン駅から徒歩約15分 **英 Menu**

▶ Map P.133-C2

ほかにも黒い料理があります！

黒くても
しょっぱくないよ。

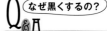

Q&A なぜ黒くするの？

マレーシア人（特に中国系）は、艶のある黒色が"コクがある""深みがある"ように感じ、おいしそうに見えるのです。なので料理人は、あえて最後の仕上げに黒醤油を入れ、色を濃くします。（チャーさん）

黒醤油で艶のある黒色に。見た目の黒からは想像できない優しい味。

ホッケンミー
HOKKIEN MEE

オイスターソース風味の焼きうどん。まろやかなコクは、海鮮やラードによるもの。RM17.30。
金蓮記（ロット・テンのフードコート）▶Data P.54

粗びきの黒胡椒の色。タマネギ入りで甘味もあり、ビールに合う味。

長時間かけて煮込むため、濃厚な色と味に。ご飯と一緒に食べよう。

カニの黒胡椒炒め
BLACK PEPPER CRAB

黒胡椒ソースで、淡泊なカニをパンチのある辛さに。また、黒胡椒といえば牛肉炒めも名物。RM160程度（時価／1杯）。
W.A.W.レストラン（アロー通り）▶Map P.132-A2

ビーフ・ルンダン
BEEF RENDANG

スパイスで長時間煮込んだ牛肉。祝い時に食べる伝統料理。RM22.90。
マダム・クワン▶Data P.24

黒醤油
老抽と呼ばれる中国醤油のこと。まろやかな甘味で塩気は少ない。

黒胡椒
世界の生産量第6位であるマレーシアのボルネオ原産の黒胡椒を使用。

青い料理も人気です

ナシクラブ
NASI KERABU

モヤシや発酵魚のソース、コ コナッツフレークを青いご飯 に混ぜて食べる料理。見た 目はインパクトがあるが、味は さっぱりで食べやすい。
カッ・ソム▶Data P.38

青色の素はバタフライピーという 花。無味無臭で味に影響はない

クエ・スリムカ
KUIH SERI MUKA

もち米で作った甘いおやつ。 通常は白だが、マラッカ発祥 のニョニャ菓子の場合、あえ て米を青く染めることがある。
ニョニャ・カラーズ▶Data P.46

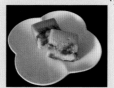

青色はナシクラブと同じ花の色。 ニョニャ菓子であることをアピール

マレーシア人は、おやつの名前をあまり知らない。現物を見て買うので名前を覚えなくてもいいのだ。

しましまは紅白が基本

クエ・ラピス
KUIH LAPIS
現地で人気No.1。柔らかな食感で甘さ控えめ。名古屋のういろう似。

マレーシアのおはぎ

クエ・スリムカ
KUIH SERI MUKA
もち米に、甘いココナッツクリームをのせて2層に。最近はドリアン味もある。

白い部分はココナッツ

オンデ・オンデ
ONDE ONDE
黒蜜入りの軟らか団子。ココナッツの果肉がまぶしてあり、香り豊か。

食べ歩きにぴったり

ケタヤップ
KETAYAP
ひと口サイズのクレープ。中には砂糖で煮たココナッツの果肉がたっぷり。

餡入りで大福似

アンクー・クエ
ANGKU KUIH
亀の甲羅をかたどったおめでたい餅菓子。中に緑豆餡やココナッツ餡入り。

スプーンですくって

トゥプン・プリタ
TEPUNG PELITA
パンダン味とココナッツミルク味の2色のゼリー。ふるふる食感。

サクサクでカレー風味

カリーパフ
CURRY PUFF
カレー味のジャガイモを包んで揚げたもの。小腹がすいたときに。

バナナの葉でもち米を包んで

プルッ・ウダン
PULUT UDANG
マレー版のちまき。エビ風味の具が美味で、温めるとよりおいしい。

温も冷もおいしい

ボボチャチャ
BUBUR CHA CHA
ココナッツミルクの甘いぜんざい。ヤムイモやタピオカの具入り。

マレーシア人は間食が大好き！

朝から晩まで、いつでも おやつ

甘い味からしょっぱい味、冷たい系からあったか系、もっちり弾力からサクサク食感など、マレーシアのおやつはとにかく種類が豊富。

おやつは1個や少量の単位で販売。RM1〜RM3とお手頃

上記のおやつが買える店

マレー菓子がずらり

ラ・チュチュ
La Cucur
バンサー・ビレッジ内にある持ち帰り専門店。小分けのおやつは20種近く、ナシルマッなどの食事系も並んでいる。どれも日持ちがしないので、その日のうちに食べよう。

▶ Map P.130-B1

🏠 G-K2, Bangsar Village
☎ (03) 2694-6920　開 10:00〜22:00
休 無休　料 菓子RM1.80〜、軽食RM8.50〜　Card 不可
交 LRTバンサー駅から車で約5分

カラフルなニョニャ菓子

ニョニャ・カラーズ
Nyonya Colors
ひと口サイズのかわいらしいおやつがショーケースに並ぶ。カラフルだが、どれも甘さ控えめで素朴なおいしさ。軽食も提供していて、店内で飲食できる。

▶ Map P.135-C2

🏠 Level Concourse, Suria KLCC
☎ (03) 2181-2991　開 10:00〜22:00
休 無休　料 菓子RM1.80〜、軽食RM10〜、ドリンクRM4.9〜　Card MV
交 LRT KLCC駅直結

Q&A

● 調理法の特徴は？
圧倒的に蒸した菓子が多い。大型のトレイに生地を流し入れ、蒸し上がったらカットして食べる。油で揚げたり、炭火で焼くものも。

● 使う食材は？
ココナッツがおやつには欠かせない。ミルクと果肉の両方を多用する。そのほか、もち米もよく使う。甘味のもとはコク深い黒砂糖、グラ・ムラカ。

● 緑色のおやつが多い
緑色はパンダンの葉から取り出した汁の色。パンダンは菓子の香りづけに欠かせないもので、ゆでたての枝豆のようなよい香りがする。

おやつ

パン系の軽食

パン好き必食。屋台や専門店で提供するマレーシアならではのパン。驚きの食材の組み合わせに魅了されること間違いなし。

アツアツを食べるべし

昔ながらのおやつだよ

アバン・バリッ
APAN BALIK
大判焼きに似た甘い生地で、ピーナッツや砂糖を挟んだおやつ。屋台で販売。ときどきチャイナタウンの露店にも現れる。

ロティ・ボーイ
ROTI BOY
大ヒット！ クッキー生地の甘いパンの中には、溶けたバター。
ロティ・ボーイ（ミッドバレー店）
▶Data P.65

フロスパン
FLOSSY BREAD
ふわふわのチキンフロスの下にマヨ。日本でいうカレーパンぐらいの人気。
ブレッド・トーク（パビリオン店）▶Data P.64

カヤトースト
KAYA TOAST
朝食の定番。甘いカヤジャムとバターの塩気がたまらない。
オールドタウン・ホワイトコーヒー▶Data P.24

バナナ揚げは定番

サクサクに揚げたおやつ。一番人気はバナナ揚げで、そのほか芋天、エビのかき揚げも定番。道路脇に出現する移動式屋台で販売している。

揚げたてを食べてね

店によって衣にこだわりあり

ピサンゴレン
PISANG GORENG
サクサクの衣の中に、とろんと溶けた甘いバナナ。ハマる！

かき氷も人気

涼をもたらしてくれるかき氷の特徴は、具だくさんなこと。もしかしてかき氷で栄養を取っている？という気さえする。

チェンドル（上）
CENDOL
緑のゼリーと小豆が具。フレッシュなココナッツミルクの香りが抜群

アイスカチャン（左）
ICE KACANG
小豆、コーン、ゼリーなどの具が氷の中からザクザク

フルーツは量り売りなので、好みの大きさや形のものを選んだら、店の人に重さを量ってもらおう

ドリンクメニューにあるスカイジュースという文字。これは、恵みの雨をイメージした水のこと。

小腹がすいたらフルーツを！
南国マレーシアの フルーツ図鑑

熱帯雨林気候のマレーシアはフルーツ王国。果汁たっぷりで甘いもの、魅惑の香りを放つ果物の王様。暑さ対策やのどの渇きにもフルーツは効果的！

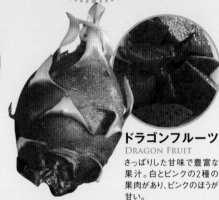

マンゴー MANGO
ねっとりとした食感で甘い汁がたっぷり。さまざまな種類があり、味も微妙に違うので食べ比べを。

ドラゴンフルーツ DRAGON FRUIT
さっぱりした甘味で豊富な果汁。白とピンクの2種の果肉があり、ピンクのほうが甘い。

ポメロ
ミカン属最大の果実で、グレープフルーツに似た味。実は淡色とオレンジ色の2種ある。

ランブータン
皮の表面を覆うしなやかな突起物が特徴。実は真っ白で、ライチに似た弾力と味。

プラサン PULASAN
ランブータンに似た見ためと味で、中心部に大きな種。市場にはあまり出回っていない。

マンゴスチン MANGOSTEEN
上品な甘さでほのかな酸味がある。赤紫色の殻を上下で反対方向にひねると実が現れる。

マレーシア フルーツチャート

	1月	2月	3月	4月	5月	6月	7月	8月	9月	10月	11月	12月
マンゴー												
ドラゴンフルーツ												
ランブータン												
プラサン												
ポメロ												
マンゴスチン												
ジャックフルーツ												
パイナップル												
ロンガン												
ランサ												
スターフルーツ												
ドリアン												

※クアラルンプールの場合。地域によって多少時期が異なる。

どこで食べる?

果物屋台で食べる
フルーツ屋台では、パパイヤ、マンゴー、パイナップル、スイカなどのカットフルーツを提供。ソースであえたロジャは上級者向き。

スーパーで買う
1個売りのほか、小分けにしたタッパー入りも販売。季節によるが、ジャックフルーツやドリアンもタッパーで提供しているのでお試しを。

果物王国ならではのおすすめジュース
暑さでバテたら、熱冷ましの効果があるスイカやココナッツウオーターを飲もう。メロンの一種であるハニーデューやスダチにそっくりのリマウも人気。

ジャックフルーツ
JACK FRUIT

両手で抱えきれないほど大きな実に黄色の果肉が入っている。独特の香りと甘味がある。

パイナップル PINEAPPLE

ジャムや漬物にしたり、カレーの具にしたり。果物として食べるだけではなく料理にも使う。

一番人気!

スイカジュース
WATERMELON JUICE

ハニーデュージュース
HONEY DEW JUICE

リマウジュース
LIMAU JUICE

暑い日はコレ

ココナッツウオーター
COCONUT WATER

ロンガン
LONGAN

ライチのような透明の実で果汁多め。さっぱりとした甘味。薄い皮なので簡単に手でむける。

ランサ
LANGSAT

ロンガンにそっくりな見た目で、バランスの取れた甘酸っぱさ。ブドウに似た香り。

スターフルーツ
STAR FRUIT

輪切りにするとかわいい星形に。熟すと濃い黄色になり甘い。皮は剥かずにそのまま食べる。

ドリアン DURIAN

ドリアンの旬は年に2回。完熟ドリアンは、クリームのような食感で濃厚。ホテルは持ち込み禁止なので注意。

マレーシアのドリアン事情

人気のブランドが価格高騰
ドリアンは種類によって味が違い、ブランドドリアンとして名高いのが「猫山王」。中国で人気になり、価格が以前の2倍以上に。

ドリアンをスイーツに!?
匂いの強いドリアンだが、マレーシアではショートケーキなどのスイーツの食材としても使われている。味は完全にドリアン。

マレーシア流フルーツの食べ方

① アッサムパウダーをかける
甘味の少ない果物には、酸味と塩気のあるアッサムパウダーで味つけ。青いグアバや酸味の強いパイナップルにぴったり。

② 不思議なソースであえる
唐辛子や砂糖を加えたソースで果物をあえたロジャ。辛味や酸味など複雑な味になり、マレーシア人は大好き。小腹がすいたときのおやつ。

マレーシア流の
ハイティーで

ハイティーセット（2名分）に含まれる麺料理。手前は、ココナッツミルクが効いたニョニャ・カレーラクサで、頭付きのエビが豪華。右奥は、エキゾチックなスパイスの香りが特徴の牛肉麺

アノタメーン
ティー

優雅に過ごそう
アフタヌーンティー
&
飲茶・点心

シティリゾートといわれるクアラルンプールは、ホテル等での優雅な食事も魅力。それも手軽な価格で、一流のひとときを味わえる。

モダン・マレー料理
デ・ワン1958
De Wan 1958

有名な料理家シェフ・ワン氏が手がけるハイエンドなレストラン。マレーシアのローカル菓子、サテーやラクサを華麗なハイティーで提供。

▶ Map P.135-D2

🏠 S Level, 2, The Link KL ☎ (03)2935-9375
🕐 平日14:30〜（15:30までに入店）、土・日曜、祝日15:00〜、16:00〜（16:30までに入店）休 無休
💰 RM218（2名分）Card MV 🚇 LRTアンパンパーク駅から徒歩約10分

Column

なぜマレーシアでアフタヌーンティー？

イギリス統治時代に根づいた文化。もともとおやつ好きのマレーシア人、甘いものを食べながらお茶を飲むというイギリス人の習慣はたちまち浸透。今でも午後のティータイムは生活に欠かせない。

〉 このラウンジもおすすめです 〈

マレーシアと英国の融合
オーキッド・コンサーバトリー
The Orchid Conservatory

華やかなランが壁一面に飾られたオーキッド・コンサーバトリーのほか、ふたつのカフェで優雅なティータイムが楽しめる（値段は異なる）。人気なので事前予約が必須。

▶ Map P.137-D3

🏠 H The Majestic Kuala Lumpur(→P89) ☎ (03)2785-8000 🕐 12:00〜14:30（土・日曜のみ）15:00〜18:00 休無休 💰 RM160 Card ADJMV 🚇 KLセントラル駅から無料送迎バスで約10分

一流のサービスにも注目
ザ・ドローイング・ルーム
The Drawing Room

セレブ御用達の最高峰ホテルで提供しているのは、スコーン、クロテッドクリームなどの正統派の英国式。一流サービスマンの接客も旅を彩る思い出に。

▶ Map P.137-C3

🏠 H The St. Regis Kuala Lumpur(→P89) ☎ (03)2727-6660 🕐 12:00〜14:00、14:00〜16:00、16:30〜18:30 休無休 💰 RM168 Card ADJMV 服スマートカジュアル 🚇 KLセントラル駅から徒歩約5分

飲茶
・
点心

このレストランもおすすめです

広東スタイルの名店
リーエン Li Yen

広東料理を得意とするシェフが作る点心。チャーシューまんなどの伝統の味だけでなく、マンゴーとエビの春巻きなど創作点心も多数。どれを食べてもおいしい。

▶ Map P.133-C2

🏠 H The Ritz-Carlton Kuala Lumpur（→P.88）
📞 (018) 646-8033
🕐 12:00～14:30（日曜・祝日10:30～）
休 無休
💰 点心RM25～ Card ADJMV
🚇 MRT／モノレール ブキッ・ビンタン駅から徒歩約8分

活気ある雰囲気
シン・クイジーン Xin Cuisine

ホテルでは珍しいワゴンスタイル。蒸したての点心が次々に運ばれてくるので、食べたいものだけ卓上に置いてもらう。最後にテーブル会計。

▶ Map P.134-B2

🏠 H Concorde Hotel Kuala Lumpur
📞 (03) 2144-8750
🕐 11:30～15:00（土曜9:30～、日曜8:30～）
休 無休
💰 点心RM14.50～ Card ADMV
🚇 モノレール ブキッ・ナナス駅から徒歩約3分

透明な皮が特徴のエビ焼売（ハーガオ）、エビを生地で巻いたチョウフンが名物。粥、デザートもおいしい。すべてのメニューは豚の代わりに鶏肉を使い、イスラム教徒の人も楽しめるスタイルになっている

美食家が集う
ライポーヒン
Lai Po Heen

舌の肥えたビジネスマンが集う5つ星ホテルの点心。新鮮な海鮮を使い、どれも上品な味に仕上がっている。金箔で飾られたエビ焼売など、見た目も美しい。

▶ Map P.135-C2

🏠 H Mandarin Oriental Kuala Lumpur（→P.88）📞 (03) 2330-8798 🕐 12:00～14:30（土・日曜10:30～）休 無休 💰 点心RM32～
Card ADJMV 🚇 LRT KLCC駅から徒歩約15分

Column

なぜマレーシアの点心はおいしいの?
国民の約25%を占める中国系マレーシア人。なかでも、点心が盛んな中国広東省をルーツにもつ人が多く、彼らの肥えた舌が点心のレベルを高めている。ホテルだけでなく、路面店や屋台でも点心を提供している。

名店ひしめくエリア チャイナタウン 昼 食べ歩き

アジアらしい喧騒に満ちたチャイナタウンには、食いしん坊にはたまらない名店がある。名物料理とその味を愛する人々が作り上げた町。

アルコールはタイガービールが一番人気。酒税が高いので価格は高め。

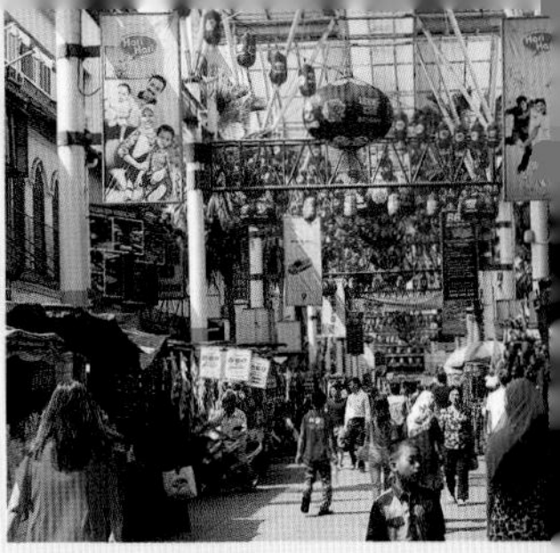

屋根付きのプタリン通りを中心に、約200m四方に広がるエリア。路地には昔ながらの屋台や露店がひしめき合っている

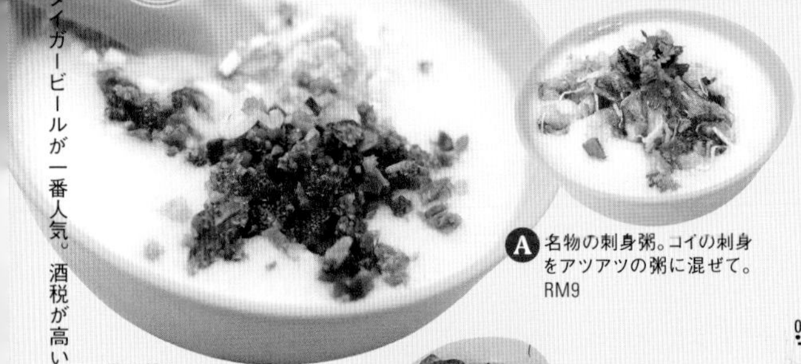

A 名物の刺身粥。コイの刺身をアツアツの粥に混ぜて。RM9

胃に優しいトロトロ粥。ピータンと塩卵粥はRM8

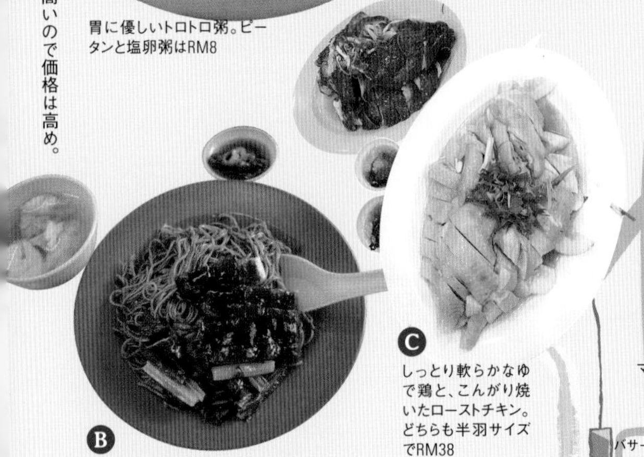

B コシのある細麺を香味だれであえたワンタンミー・ドライ。シンプルながらもやみつきになる。RM9.50

C しっとり軟らかなゆで鶏と、こんがり焼いたローストチキン。どちらも半羽サイズでRM38

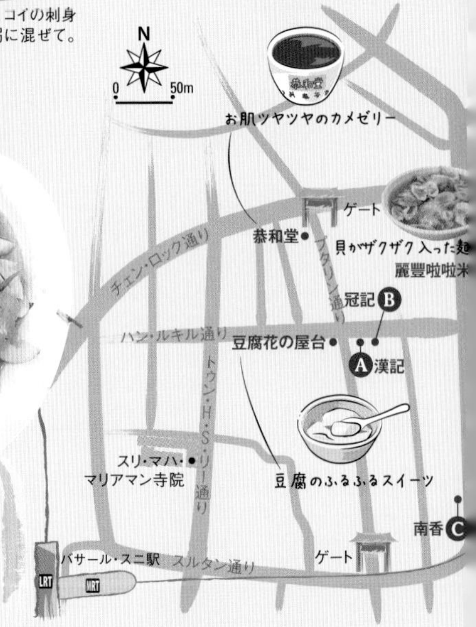
N
0
50m
お肌ツヤツヤのカメゼリー
ゲート
恭和堂
貝がザクザク入った麺
麗豊啦啦米
チェン・ロック通り
プタリン通り
冠記 B
ハン・ルキル通り
豆腐花の屋台
A 漢記
トゥン・H・S・リー通り
スリ・マハ・マリアマン寺院
豆腐のふるふるスイーツ
南香 C
ゲート
パサール・スニ駅
スルタン通り
LRT
MRT

A 3代続く粥専門店 漢記（ホンキー） Hon Kee

1949年創業。鶏スープでじっくり煮込んだ粥は、米粒が見えないトロトロタイプ。鶏肉、豚団子、皮蛋、コイの刺身など具の種類は豊富。

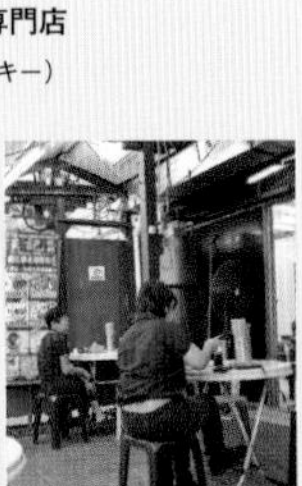

▶Map P.136-B2

住 93 Jl. Hang Lekir
TEL 016-666-0603（携帯） 開 5:00～14:00
休 無休 料 粥RM8 Card 不可
交 LRT／MRT パサール・スニ駅から徒歩約10分

B 隠れているけど美味 冠記（コンキー） Koon Kee

露店の陰に隠れて入りにくいが、ひっきりなしにお客さんが訪れる人気店。コシのある細麺に、甘めのたれの焼き豚がよく合う。

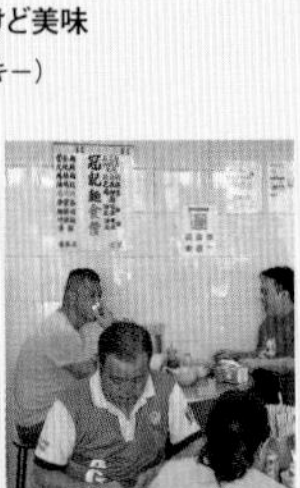

▶Map P.136-B2

住 95, Jl Hang Lekir, Petaling Street
TEL 017-885-1455（携帯） 開 10:30～14:30
料 無休 料 麺RM9.50～ Card 不可
交 LRT／MRTパサール・スニ駅から徒歩約10分

C メニュー充実の人気店 南香（ナムヒョン） Nam Heong

店先にぶら下がったチキンが目印。もちろん看板料理はチキンとライスで、地鶏がおすすめ。香ばしく焼いた甘い焼き豚も名物。

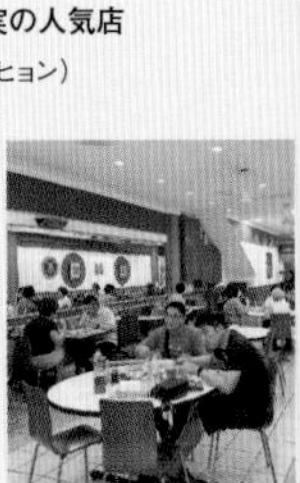

▶Map P.136-B2

住 56, Jl. Sultan, City Centre
TEL (03)2022-3818 開 10:00～16:00 休 無休
料 チキンRM7.50～ Card MV 交 LRT／MRT パサール・スニ駅から徒歩約10分

人気のナイトスポット

ブキッ・ビンタン
（夜）飲み歩き

成長著しいクアラルンプールは、国際色豊かな町でもある。その象徴が、世界各地のレストランが集まる夜の町、ブキッ・ビンタンだ。

アロー通りの奥、チャンカット・ブキッ・ビンタン通りは、バー・ストリートともいわれる。道の両脇に、雰囲気のよい各国レストランが並んでいる

N
0 50m

子豚のプレートが人気

ハバナ
A
チッチオ・バー・ピッツェリア
B ピンチョス・タパス・バー
H Le Viva Inn
Le Checa
グレイ・ベイビー
BAAN26
ハーリー・マックス
タイ料理の人気店
ザ・ウィスキー・バー
オールド・シャンハイ
C
パークロイヤル **H**

▶ブキッ・ビンタン通りへ

A 左 イタリアのスパークリングワイン「プロセッコ」RM40　右 トマトとアンチョビのブルスケッタRM18

B 上 クラッシュアイス入りのモヒートRM40　右上 人気のサングリアRM28　右 イベリコハム、スペインチーズ盛り合わせRM108

C 左 さわやかな香りのビール、ステラ・アルトワRM21　上 ビールがすすむスパニッシュ・マイルド・ペッパーRM22　右上 ポークソーセージのサンドイッチRM21

A
ワインに酔いしれる
チッチオ・バー・ピッツェリア
Ciccio Ristorante Bar Pizzeria

照明を落とした雰囲気のよいイタリアン。看板料理は窯焼きのピザで、種類も豊富。他店に比べて静かなので、会話を楽しみたいときに最適。

▶ Map P.132-A1

住 15 Changkat Bukit Bintang
TEL (03) 2141-8605　営 17:00～24:00
休 無休　料 ピザRM35～、グラスワインRM30～
Card MV　交 MRT／モノレール ブキッ・ビンタン駅から徒歩約15分

B
手軽なスペイン料理が人気
ピンチョス・タパス・バー
Pinchos Tapas Bar

オムレツやミートボールなどの小皿料理をワインとともに楽しめる。いつも混んでいるので、カウンターでサッと飲むのがいい。2階に系列店がある。

▶ Map P.132-A1

住 18 Changkat Bukit Bintang
TEL (03) 2145-8482　営 5:00～24:00
休 無休　料 タパスRM24～、ビールRM21～
Card MV　交 MRT／モノレール ブキッ・ビンタン駅から徒歩約15分

C
注目のニューフェイス
ヴァルムット
Vermut

オープンエアのエントランスに、しゃれたバーカウンターが奥に続くスタイリッシュな空間。スタッフの心使いが心地よく、ひとりで訪れても楽しめる雰囲気。

▶ Map P.132-A1

住 17, Jl Mesui 電 010-450-9280（携帯）
営 18:00～24:00（土・日曜～翌2:00）
休 月曜　料 タパスRM21～、ビールRM21～
Card MV　交 MRT／モノレール ブキッ・ビンタン駅から徒歩約15分

初めてでも安心。
料理の種類も
豊富

— FOOD —

さまざまな料理を提供しているフードコートや屋台通りは、マレーシア人の社交場といえる。

町歩きに疲れたら……

フードコートでホッとひと息

広い座席スペースで多種の料理を楽しめるフードコート。
時間を気にせずゆっくりできるので休憩にもぴったり。

ロット・テンのフードコート
Lot 10, Hutong, LG

ガラス越しに見える活気ある厨房にも注目

人気の料理はコレ！

**焼き豚&ロースト
ダックライス**
2種の名物肉料理
のコンビ。RM15.10

中国系の有名な屋台料理を一堂に集めた人気のフードコート。大鍋を豪快に振るう職人など、まるでチャイナタウンのような雰囲気が楽しめる。

▶Map P.132-B2

🏠⑤Lot 10（→P.64） ☎(03)2782-3500
🕐10:00～22:00 休無休 💰メインRM9～ 💳MV
🚇MRT／モノレール ブキッ・ビンタン駅直結

パビリオンのフードコート
Pavilion Food Republic, Level 1

それぞれの店で料理を受け取り、好きな席で食べる

圧巻の広さで、多種多様なマレーシア料理を提供。ハラルの調理法にのっとり、本来なら豚肉を使う料理も鶏肉で代用されているのがマレーシアらしい。

▶Data P.64

\人気の料理はコレ！/

アッサムラクサ
魚だしのペナン名
物麺。さっぱり酸味
のある味。RM9.50

パンミー
もっちり麺にたれを
からめたドライがお
すすめ。RM7.90

地元密着型の食文化体験

アロー通り
Jalan Alor

マレーシア人の
普段の食事です

屋台通りに行ってみよう

夜な夜な食いしん坊たちが集う屋台街。地元の人に交じって
食事をすれば貴重な体験になる。

屋根なしの店舗が南国感たっぷり！

カンポン・バル
Kampung Baru

屋台のよいところは作り
手の顔が見えるところ

アロー通りの楽しみ方

夕暮れとともに活気に満ちてくるアロー通り。ローカルグルメを食べながら、タイガービールで乾杯。

▶Data P.68

- これを食べるべし！-
串料理「ロロッ」、炭火で焼いた「チキンウイング」、漢方スープ「バクテー」。カニやカエル料理も美味。

カンポン・バルの楽しみ方

マレー系の町、カンポン・バルのマレー料理は美味揃い。アルコールは提供していないのでヘルシーに。

▶Data P.19

- これを食べるべし！-
国民食「ナシルマッ」、おかずを自分で選ぶ「ナシ・チャンプル」、焼き魚「イカンバカール」。マレー菓子もぜひ。

KUALA LUMPUR
SHOPPING

Malaysian Brands, Market, Souvenirs,
Original Goods, Shopping Mall, etc.

ショッピングパラダイス

クオリティの高いものでもリーズナブルに手に入り、
ハイエンドのショッピングモールから庶民的なマーケットまでが揃う。
クアラルンプールは今やアジアを代表する買い物天国だ。

ハイブランドからプチプラまで
注目のマレーシアブランド

マレーシアの流行に敏感なおしゃれさんや
在住外国人からの支持を集めているのがローカルブラン
ド。日本未上陸ブランドなのでぜひチェックしてみよう。

上質なエスニックファッション

着心地のよさに感動
ブリティッシュ・インディア
British India

マレーシアやシンガポールなどに多数の店
舗を構える高級ライフスタイルブランド。麻や
シルクなど、上質な素材を使ったエレガント
で上品さが漂うリゾートウエアが人気。

▶Map P.135-D2

住⑤Level 1, The LINC KL
☎(03)2181-7698 開休 Card 交
⑤The LINC KLに準ずる ▶Data P.65

RM699
Vネックシャツ
藍と白の2色使いが落
ち着いた印象のトップ
ス。サラッと羽織れる
シルク素材

RM399
プリーツスカート
バティックをイメージ
させる点描のデザイ
ン。軽やかなシルエッ
トが上品な印象

RM169

RM220

RM25

バティックファッション

伝統をモダンにアレンジ
カノエ
Kanoe

バティック生地を使ったファッショ
ンブランド。オンライン販売で人
気になり、2023年に実店舗をオー
プン。ショート丈のトップスやゆ
るっとしたアウターなどモダンなデ
ザイン。

▶Map P.136-B2

住80, Jl. Sultan, Rex KL ☎016-901-0377
（携帯）開10:00〜18:00（土曜11:00〜
19:30、日曜12:00〜19:30 休無休 CardMV
交LRT／MRTパサール・スニ駅から徒歩
約10分

アウター
日本の着物をイメージした
デザイン。ハート形のポケッ
トがかわいい

RM210

ショート丈トップス
バティック生地をアクセント
に使った個性的なデザイン

マレーシアブランドの魅力

● **リーズナブルな価格**

現在、多くのローカルブランドがあるが、ほとんどのブランドの価格設定が驚くほど安い。1万円で全身コーデも可能で、大人買いする人続出。

● **エスニックなデザイン**

多民族国家らしくインドやチャイナのテイストを取り入れたオリエンタルなものから、南国らしいビーチリゾート風のものまで豊富なデザインが揃う。

Column

バンサー・ビレッジにも注目

ファッション好きなら、KL郊外のモール「バンサー・ビレッジ」に行ってみよう。エレガントなバティックファッション「Fern」、オリジナルの生地で仕立てた人気ブランド「Nala Designs」、一点物に出会える「TriBeCa」など、上質なマレーシアブランドが揃っている。
▶ **Data** P.36

靴&バッグ

まとめ買い女子多し
ヴィンチ
VINCCI

デザイン性と低価格が魅力なシューズブランド。かわいくフェミニンなデザインのものが多い。バーゲン時には1万円で4足買えることも。

▶ **Map** P.135-C2
🏠 ⑤Level Concourse, Suria KLCC
📞 (03) 2162-7559
開 休 Card 文
⑤Suria KLCCに準ずる
▶ **Data** P.65

RM99

エナメルミュール
パーティで活躍する華やかさ。パンツに合わせてもすてき

RM89

スタッズ付きサンダル
シックな黒に目を引くゴールドの飾りがアクセント

RM159

ショルダーバッグ
オフホワイトの色がかわいく、オフィスでも活躍しそう

ここも Check!!

豊富なカラーバリエーション
フィッパー fipper

天然ゴム主成分で履き心地がいい人気のビーチサンダルブランド。

厚底タイプ

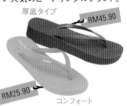

RM45.90

RM25.90

コンフォート

▶ **Map** P.132-B2
🏠 ⑤Level G, Sungei Wang Plaza
📞 開 休 Card 文
⑤スンガイ・ワン・プラザに準ずる
▶ **Data** P.64

RM350

シルクスカーフ
手触りのいい上質なスカーフ。絵柄はマレーシアの名所

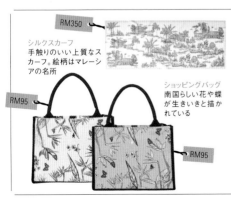

RM95

ショッピングバッグ
南国らしい花や蝶が生きいきと描かれている

RM95

ムスリムファッション

オンライン販売で急成長
ダック
DUCk

ムスリム女性向けのモダンファッションをコンセプトに、肌の露出が少ない服やスカーフが揃う。マレーシアらしい絵柄のバッグやマグカップはおみやげにもぴったり。

▶ **Map** P.133-C1
🏠 ⑤Level 4, Pavilion
📞 (03) 2110-4663
開 休 Card 文
⑤パビリオンに準ずる
▶ **Data** P.64

※各ブランドの掲載商品は季節商品や一点物が多く売り切れの場合あり。

欲しいみやげが全部揃う！

チャイナタウンの名物みやげ物専門店街へ

伝統クラフトから王室御用達のスパグッズまで。
マレーシアならではの雑貨、菓子、ファッションアイテムを
扱う店舗が集まるクアラルンプール最大のおみやげスポット。

商品について聞きたいことがあれば、店の人に英語で話しかけてみよう。カタコトの英語で十分通じる。

\ Check!! /

ディスカウント交渉について

マレーシアでは値切り交渉はコミュニケーションのひとつ。マレー語を交えて「ディスカウント、ボレ?(ボレは英語のcanのこと)」と笑顔で聞いてみよう。多数買う場合は、比較的ボレ！と言ってもらえる。

雑貨百科店

セントラル・マーケット

Central Market

セントラル・マーケット内には350を超える店舗があり、GF階は食器やスパグッズなどの雑貨系、1階は洋服などの生地系の店が並ぶ。敷地内にはレストランやマッサージ店もある。

▶Map P.136-A2

住 Jl. Hang Kasturi TEL (03)2031-0399
開 10:00～22:00(店により異なる) 休 無休(店により異なる) Card ADJMV(店により異なる)
交 LRT／MRTパサール・スニ駅から徒歩約5分

おさえるべき3つのポイント

1 多様なルーツをもつ店が一堂に集まっている

マレーシアを構成するさまざまな文化によって店が分かれている。中国の小物、インドのお香の店など。上の階には民族衣装の店も。多民族が織りなす豊かな文化を体感しよう。

2 グルメやアートも楽しめる

1階(日本では2階に当たる)にはニョニャ料理レストランやフードコート。Ground Floor奥(建物外)にはバティック体験や似顔絵コーナーがある。スーパーマーケットも新設予定。

3 マレーシアの伝統クラフトに注目

ピューター製の食器、籐製の籠、ろうけつ染めのバティック生地、金糸を縫い込んだソンケット生地、木製クラフトなど、マレーシアの定番みやげが数多く揃う。▶P.60

Column

建物外の露店もチェックしよう

セントラルマーケットの横の道にも露店が多数。ここでは、ロゴ入りの雑貨やTシャツなどお決まりのみやげが買える。ココナッツウオーターやローカルおやつを販売する露店もある。

上質なスパグッズ
タナメラ
Tanamera

マレーシア生まれ、王室御用達の
スパグッズ専門店。リップからスク
ラブまで種類豊富。

TANAMERA

ボディモイスチャー
RM65.50

石鹸RM22

G25

カラフルな小物
シー・バティック
C Batik

食器から小物、民族衣装まで揃
う。バティックで作った子供服、靴
もかわいい。

バティック生地の
ティッシュケース
RM50

G41A & G42

肌潤いのなまこ商品
ニルマラ・サリ
Nirmara Sari

再生能力の強いナマコを使っ
た石鹸やクリームは、保湿効果
が高く、敏感肌にも使える。

ナマコ石鹸
RM60（3個入り）

G41

思い出を文具に
ペーパー・アドベンチャーズ
Paper Adventures

人気のデザインチーム「Loca
Made」の店。マレーシアの文化
を描いたポストカードやペーパー
クラフトが人気。

店内で切手を買い、
ポストに投函もできる

G39

伝統
アートを
体験

好きな色で自分の作品を作る
アイナ・アートワーク
Ainna Artwork

ろうで描かれた下絵に色
を塗る工程を体験できる。
バティックは、絵の具を溶
く水の量を多めにし、にじ
ませて塗る。乾くまで時間
がかかるので、買い物前
に体験しよう。

🏠 Lot 1.03A, Ground Floor,
Central Market
☎ 014-717-7208（携帯）
🕐10:30～19:00 休無休
料色付け体験RM15～
Card MV 交LRT／MRTパサール・
スニ駅から徒歩約5分

温めたろうで、美しく絵の枠
を描く職人

ニョニャ・ラクサもおいしい
プレシャス・オールド・チャイナ
Precious Old China

おすすめ
グルメ

マラッカで生まれたニョニャ料理を提供する人気のレ
ストラン。オーナーの家に代々伝わる料理を提供して
いる。アンティークの家具が飾られた店内もすてき。

🏠 Lot 2, Mezzanine Floor, Central Market ☎ (03)2273-7372
🕐11:00～21:00 休無休 料前菜RM13.90～、メインRM16.90～
Card MV 交LRT／MRTパサール・スニ駅から徒歩約5分

サクサク
食感の前菜
パイティー
RM17.90

※Gはセントラル・マーケット内の位置番号。現地の案内所で確認を。

多様な民族が暮らすマレーシアは、みやげも多種。例えば、インドのカレー皿や中国茶器も手頃な価格で購入できる。

ロイヤル・セランゴールのピューター

昔、スズを採掘していたマレーシアは、今もピューターが伝統工芸品。王室御用達ブランド「ロイヤル・セランゴール」が人気No.1。

▶Data P.70

1 彫りが美しいフリーマグ。ビールやお茶を注ぐと、なめらかな舌触りに。RM450 2 密閉性の高い中蓋付きの茶筒。湿度を遮断する効果もある。RM850（サイズS）

プラナカン柄の食器

中国の縁起物の図柄を明るいパステルカラーで色付け。エメラルドグリーン、ピンク、イエローが、プラナカンならではの色。

1 蓋付きの小物入れ カムチェンRM300
2 カップ＆ソーサー RM300、レンゲRM49

伝統の技にうっとり

マレーシアの定番みやげ

職人が時間をかけて作った工芸品を称賛するマレーシアの文化。そのため、昔ながらの伝統クラフトが多数ある。また最近は、伝統の技術を使ってモダンにデザインしたアイテムも。帰国後も使える質の高い商品を厳選して紹介。

天目陶藝の食器

1989年創業の陶器ブランド。藍色やモスグリーンなどの落ち着いた色が特徴で、ぽってりとした手触りがあたたかみを感じる。

フリーグラス RM110（2個セット）

茶碗RM68

ソンケット生地の小物

金や銀色の糸を織り込んで作るソンケット生地。上質な質感で光沢があり、晴れの日の衣装やインテリアの飾りに使われる。

A ソンケットでしつらえられた長財布RM259

A 生地の光沢がエレガントな印象のバッグRM99

バティック生地の小物

ろうけつ染めのバティック。マレーシアらしいデザインで、ハイビスカスなどの花をモチーフにしたカラフルな色使い。

A 留め金の細工が美しい長財布 RM199

A バティック生地のチョーカーRM230

籐や竹製の製品

マレーシアで暮らす先住民族の手工芸品。竹、ラタン、パンダンの葉など天然の植物で作られたもので、ナチュラルな色使いがすてき。

Arch
アーチの木製ブックマーク

木製の手工芸品ブランド「アーチ」。ブックマークや置物などアイテムは多様。軽いので持ち運びしやすい。 ▶Data P.62

A ラタンの籠バッグ RM75

A パンダンの葉で編んだ小物入れRM90

マレーシアの名物を立体的に描いた木製ブックマーク各RM15

ハンドメイドのウッド製品

ジャックフルーツやアカシアの木を使ったインテリアグッズ。あたたかな手触りで、使うごとに親しみが増す。

A 蓋付きの入れ物RM270

A 果物トレイ RM80

カラフルなティフィン

マレーシア人の食卓でよく使われていた弁当箱。最近は美しい絵が施されたものも多く、食卓のインテリアとしても人気。

A 3段（右）RM385、4段RM450

A ららぽーと隣接のモール「MGB」内にある
キラナ Kirana

国内すべての伝統工芸品を扱っている。技はそのままに、現代に合わせてセンスよくデザインされたバッグ、アクセサリー、洋服が揃う。同じMGBのGF階にあるショップ「Karya」は雑貨など小物が中心。

▶Map P.132-A3

🏠No.2 Hub BBCC, Bukit Bintang City Centre, Jl Hang Tuah
☎(03)2110-3075 🕐10:00～22:00 休無休 Card MV 交LRT／モノレール ハントゥア駅からすぐ

ロイヤル・セランゴール、天目陶藝、アーチは
セントラル・マーケット ▶P.58 内にショップがある

Column

スターバックスの限定商品

マレーシアのスターバックスでしか買えないレアグッズ。タンブラーを購入すると、1杯コーヒーが無料というのは日本と同じ。店舗は、ブキッ・ビンタンやKLCCなどにある。

タンブラー RM55

マグカップ RM39.60

布雑貨からバッグまで揃う

シェイド
Shade

マレーシアモチーフのオリジナルアイテムから東南アジア各地で仕入れた雑貨が並ぶ。食器やアクセサリー、バティックの洋服もあり品揃え豊か。

▶ **Map** P.138-B2

🏠 56-1,Jl. Doraisamy, 1st. Floor The Row KL ☎ 012-334-7123（携帯）
🕐 11:00〜19:00 休 無休 Card MV 🚇 モノレール メダン・トゥアンク駅から徒歩約10分

シルバー素材のナフキンリング **RM25**

コースター 各**RM15**

食卓が華やぐ皿 **RM65**

マレーシアの特色が描かれたバッグ **RM79**

バティック布地の手提げバッグ **RM149**

オリジナルのデザインが人気

こだわりの
マレーシア雑貨店

ここでしか買えないオリジナルアイテムが並ぶ個性派ショップ。
マレーシアの観光名所をモチーフにしたデザイン雑貨や
職人やアーティストが手がけるクラフトなど
欲しいものがたくさん。

チャイナドレスの柄がこまやかなキーチェーン **RM88**

伝統的な凧がフレームにデザインされた写真立て **RM39**

ぬくもりのある木製クラフト

アーチ・クアラルンプール
Arch Kuala Lumpur

職人が作る精巧な木製クラフトを中心に扱うショップ。小物、インテリア雑貨、文具など幅広い品揃えで、キーチェーンやTシャツも人気。

▶ **Map** P.134-A1

🏠 Kuala Lumpur City Gallery（→P.77）
☎ (03) 2698-3333 🕐 9:00〜18:00
休 火曜 Card MV
🚇 LRTマスジッド・ジャメ駅から徒歩約10分

アイラブKLのブックマーク **RM15**

精巧に作られたツイン・タワーの置物 **RM118**

国花であるハイビスカスの置物 **RM390**

伝統の生地をモダンに
バティック・ブティック
Batik Boutique

自社工房で染めたバティック生地の商品が、小物から洋服まで揃う。シンプルな色使いのなかに南国らしい模様がさりげなく効いている。

▶ Map P.138-B2

住 58, Jl Doraisamy, Ground Floor The Row 電 (03) 2382-0370 営 9:00〜18:00 休 無休 Card MV 交 モノレール メダン・トゥアンク駅から徒歩約10分

RM109

大人っぽいデザインの化粧ポーチ

RM189
ミニバッグ

パイナップル柄のクッションカバー
RM139

RM369
オリジナルの布で作ったトップス

RM320

南国の花柄をモチーフにした大判のスカーフ

RM759

キュートな箱型のカバン

ビビッドな色使いがおしゃれ
ナラ・デザインズ Nala Designs

クアラルンプール在住のオランダ人女性がデザイン。ビビッドな色のオリジナル生地に特徴があり、バッグやファッションアイテムが多数。

▶ Map P.130-B1

住 S Bangsar Village 2 電 (03) 2300-5428 営 10:00〜22:00 休 無休 Card MV 交 LRTバンサー駅から車で約5分

アーティストが手がけた作品や雑貨
イルハム・ギフト・ショップ
Ilham Gift Shop

アートギャラリーに併設されたギフトショップ。マレーシアの魅力を描いたポストカードや布雑貨などおみやげ向きの小物が多数。

▶ Map P.135-D2

住 L5, Ilham Tower, Jl Binjai 電 (03) 2181-5128 営 11:00〜19:00(日曜〜17:00) 休 月曜・祝日 Card MV 交 LRTアンパンパーク駅から徒歩約5分

ポストカード

RM4〜

RM250

サバ州の伝統籠についてまとめた本

ステンレス製の食器に注目

KLセントラル駅近く、リトル・インディア（→P.84）と呼ばれるエリアでは、インド皿が安く手に入る。3種盛りのカレー皿など、カレー好きにはたまらないアイテムばかり。

3段重ねの弁当箱
RM11.90

小皿は各RM5.90

クアラルンプールの
大型
ショッピング
モール
徹底解剖！

ショッピング天国マレーシアのなかでも、プチプラファッションから一流ブランドまで充実のラインアップを誇るショッピングモールは、日本の若い女性に大人気。クアラルンプールを代表するモールを紹介しよう。

最大70％OFFも！ \Check!!

マレーシアでは中国正月時期の2〜3月に「アーリーイヤーセール」、5〜7月の「メガセール」、11〜12月の「イヤーエンドセール」と年に3回、大きなバーゲンセールがある。ショッピングが目当てならこの時期がチャンス！

ブキッ・ビンタン

Lot 10

スタイリッシュな店が揃う
ロット・テン

ブキッ・ビンタンの中心に立ち、若者向けファッションを中心に、日系デパートのISETANやドン・キホーテなど、約100店舗が入居。落ち着いたカフェやモロッコ式スチームバスのスパもある。地下のフードコートはまるでチャイナタウンのようなにぎやかさ。

▶Map P.132-B2

🏠50, Jl. Sultan Ismail
☎(03)2782-3566
🕐10:00〜22:00 休無休 Card ADJMV
🚇MRT／モノレール ブキッ・ビンタン駅からすぐ

ハイブランド	★★
カジュアルブランド	★★★
ファッション	★★★
雑貨	★
フードコート	★★★
エンターテインメント	★
両替所	★

ブキッ・ビンタン

Pavilion

高級ブランドを狙うなら
パビリオン
▶Map P.133-C1

ブキッ・ビンタン通りとラジャ・チュラン通りに囲まれた敷地にある巨大ショッピングモール。有名ブランドはもちろんのこと、コスメ、ダイニング、映画館、フィットネスクラブなど、都会の大人をターゲットにした展開が特徴的。割引などの特典を受けられるツーリスト・カードあり。

🏠168 Jl. Bukit Bintang
☎(03)2118-8833
🕐10:00〜22:00 休無休
Card ADJMV 🚇MRT／モノレール ブキッ・ビンタン駅から徒歩約5分

ハイブランド	★★
カジュアルブランド	★★★
ファッション	★★★
雑貨	★★
フードコート	★★★
エンターテインメント	★★★
両替所	★

ブキッ・ビンタン

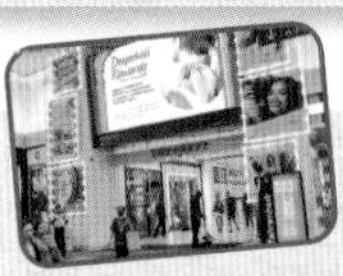

Fahrenheit 88

ブキッ・ビンタンの中心に位置
ファーレンハイト88
▶Map P.133-C2

マレーシア初となるユニクロなど低価格のヤングファッションを中心に扱う。マレーシアで人気の靴ブランドのチャールズ＆キースなど、安くてかわいいローカルブランドが充実している。上の階には評判のいいタイ式マッサージもある。LG階の中国レストランの点心は技ありと人気。

🏠179 Jl. Bukit Bintang
☎(03)2148-5488
🕐10:00〜22:00 休無休
Card ADJMV 🚇MRT／モノレール ブキッ・ビンタン駅から徒歩約5分

ハイブランド	
カジュアルブランド	★★★
ファッション	★★★
雑貨	★★★
レストラン	★★
エンターテインメント	★
両替所	

ブキッ・ビンタン

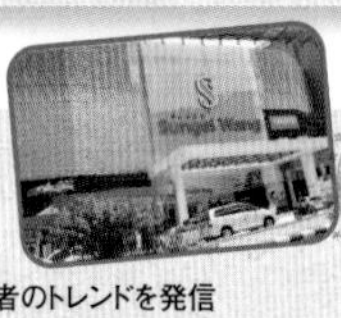

Sungei Wang Plaza

若者のトレンドを発信
スンガイ・ワン・プラザ
▶Map P.132-B2

約200万平方フィートの広大な敷地をもつローカルブランドのファッションブティックをはじめ、パソコン用品、書籍、スポーツ用品、コスメ、キャラクターグッズ、ヘアサロンやテーラーなどが並ぶ。4階にあるフードコートはローカルに人気のスポットでにぎやか。

🏠9, Jl. Bukit Bintang
☎(03)2148-6109
🕐10:00〜22:00 休無休
Card ADJMV 🚇MRT／モノレール ブキッ・ビンタン駅直結

ハイブランド	
カジュアルブランド	★★★
ファッション	★★
雑貨	★★★
フードコート	★★
エンターテインメント	
両替所	★

ブキッ・ビンタン

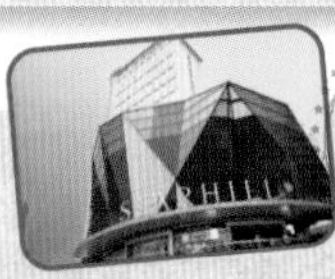

Starhill Gallery

サービスのどれもが一流志向
スターヒル・ギャラリー
▶Map P.133-C2

🏨JWマリオット・ホテル・クアラルンプール（→P.88）に隣接した、6階建てのショッピングセンター。ロレックス、ジョン・リッチモンドなど、世界の一流ブランド店や台湾発の誠品生活がある。館内の中央は吹き抜けになっており、LG階にある多彩なレストランは、高級感あふれる雰囲気だ。

🏠181, Jl. Bukit Bintang
☎018-309-1955（携帯）
🕐10:00〜22:00 休無休
Card ADJMV 🚇MRT／モノレール ブキッ・ビンタン駅から徒歩約5分

ハイブランド	★★★
カジュアルブランド	★★
ファッション	★★★
雑貨	★★
レストラン	★★★
エンターテインメント	★
両替所	

ブキッ・ビンタン

Berjaya Times Square

ジェットコースターもある
ベルジャヤ・タイムズ・スクエア

▶Map P.132-B3

買い物だけにとどまらず、グルメやエンターテインメント性も兼ね備えた巨大なショッピングモール。上層階にはベルジャヤのラグジュアリーホテル、ベルジャヤ・タイムズ・スクエア・ホテル・クアラルンプールがあり、KLモノレールのインビ駅とは直結している。

ハイブランド	
カジュアルブランド	★★★
ファッション	★★★
雑貨	★★
フードコート	★★
エンターテインメント	★★★
両替所	★

住1, Jl. Imbi
電(03) 2117-3111
開10:00~22:00 **休**無休
CardADJMV
交モノレール インビ駅直結

KLCC

Suria KLCC

ツイン・タワーにあり、抜群の立地
スリアKLCC

▶Map P.135-C2

ペトロナス・ツイン・タワーの地下2階から地上5階までを占めるショッピングセンターで、世界の高級ブランドから、雑貨、コスメ、書籍などを扱う約360店舗が入店。ファッションはもちろん、マレーシアの主要産業である石油の科学館や、レストランなどの施設が充実している。

ハイブランド	★★
カジュアルブランド	★★
ファッション	★★★
雑貨	★★
フードコート	★★★
エンターテインメント	★★★
両替所	

住Kuala Lumpur City Centre, Jl. Ampang & Jl. Ramlee **電**(03) 2382-2828
開10:00~22:00 **休**無休
CardADJMV
交LRT KCLL駅直結

KLCC

The LINC KL

おしゃれモール
リンクKL

▶Map P.135-D2

ツインタワーから徒歩約15分、2018年オープンの比較的新しいショッピングモール。虹色の階段や40色のカラフルな折り紙など、写真映えするアートスポットが多数。有名シェフのレストラン、センスのいい雑貨店や洋服店が、コンパクトなサイズのモールに集まっている。

ハイブランド	
カジュアルブランド	★
ファッション	★★
雑貨	★★★
レストラン	★★
エンターテインメント	★★
両替所	

住360, Jl. Tun Razak
電(03) 9213-0388
開10:00~22:00 **休**無休
CardADMV **交**LRTアンパンパーク駅から徒歩約10分

KLセントラル

NU Sentral

KLセントラル駅直結
ニュー・セントラル

▶Map P.139-D1

KLセントラルにあり、KLセントラル駅に直結している8階建ての巨大ショッピングモール。世界の有名ブランドをはじめ、ローカルブランド、パークソンなどのデパート、スーパーマーケットなど充実したラインアップ。カフェやレストランは上階に集まっている。

ハイブランド	
カジュアルブランド	★★★
ファッション	★★
雑貨	★★
フードコート	★★
エンターテインメント	★★
両替所	★

住No 201, Jl. Tun Sambanthan
電(03) 2859-7177
開10:00~22:00
休無休
CardADJMV
交KLセントラル駅直結

トゥンク・アブドゥル・ラーマン通り周辺

SOGO

地元の人にも愛されている
そごう

▶Map P.138-A2

LRTのバンダラヤ駅のすぐそばにある、日本でもおなじみのデパート。日本の食材はもちろん、日用雑貨やファッションなども豊富に揃う。地元密着型のデパートだけあって、客層は地元の人が中心。吹き抜けのスペースではセールが行われ、最上階にはフードコートもある。

ハイブランド	★★
カジュアルブランド	★★★
ファッション	★★★
雑貨	★★
フードコート	★★
エンターテインメント	
両替所	★

住190, Jalan Tuanku Abdul Rahman, City Centre **電**(03) 2618-1888
開10:00~21:30(金・土曜~22:00)
休無休 **Card**ADJMV
交LRTバンダラヤ駅から徒歩約6分

Column

ミッドバレー駅
直結の大型複合施設
「メガ・モール」

クアラルンプールの中心部から少し離れた場所にあるが、400店以上の店舗が入店し、東南アジアで最大級の規模といわれているのがこちらの複合ショッピングセンター。エリア内にはイオンやMUJIなど日系の店もある。隣接する高級モールのザ・ガーデンズにはホテル、スーパー、レストラン、ISETANやロビンソンデパートなどが入店している。

▶Map P.130-B1

住1, Lingkaran Syed Putra, Mid Valley City **電**(03) 2938-3333
開10:00~22:00 **休**無休 **Card**ADJMV
交KTMミッドバレー駅直結

※各ショッピングモールの**開休Card**は店により異なる場合あり。

イスラム国家であるマレーシアのスーパーでは、アルコールの購入が一般のレジと異なる場合もあるので、注意しよう。

カフェ「オールドタウン・ホワイトコーヒー」のインスタントコーヒー。砂糖、ミルク入りの3 in 1タイプ。

RM18.65

自国産の茶葉を使った「ボー」社のインスタントティー。ミルクと砂糖入りの「テタレ」味が定着。

RM18.20

マレーシア産の上質なカカオを使用したベンズ。

各RM15

RM6.50

チョコレート
上質なカカオで香り豊か。最近はビーントゥーバーのチョコも続々。

おなじみベリーズのチョコはティラミス味が人気。

甘さ控えめで独特の歯応えがあるマンゴーグミ。ライチ味や酸っぱいタイプも人気。

RM6.15

RM5.10

ドリンク
紅茶の茶葉は自国産。珈琲はロースト深めで甘くして飲む。

RM10.70

「ボー」社のティーバッグ紅茶。マンゴーやライチなどのフレーバーティーも人気。

ココナッツのビスケット。ほろっと崩れる食感、ココナッツの香ばしさがやみつき。

ココナッツ・フルーツ味
ココナッツを使った伝統菓子やジャム。フルーツ味で人気なのはマンゴー味のグミ。

スーパーで買える
マレーシアみやげ

マレーシアの味をお持ち帰り。
近くのスーパーで
気軽に購入できるのもうれしい！

RM10.60
(4袋)

RM14.80

RM16〜

RM9.90

インスタント麺「ペナン・ホワイトカレー・ヌードル」。アメリカ人のインスタント麺マニアが「世界一おいしい」と評したことで人気に。かなり辛い。

カレーリーフの香りが絶妙なミックスナッツ。

軟らかい羊羹のような伝統菓子「ドドル」。ドリアンフレーバーもある。

RM3.50

ココナッツミルクで作った甘い「カヤジャム」（パンダンフレーバー）。バターと一緒に食パンに塗って食べる。

インスタント麺・スナック・ナッツ
スパイスの香りがやみつきになる。辛いインスタント麺はマレーシア定番の味。

スパイス 漢方系 調味料
カレー粉やハーブは、手軽な価格で質の高いものが揃う。

漢方スープ「バクテー」キット。中に入っている漢方で肉を煮込み、醤油などの調味料を加えれば完成。

小分けのカレー粉。肉用、魚用で、スパイスの違いがある。

RM6.7
(30袋)

フレーク状のサンバル。辛いのが好きな人におすすめ。

RM11.50

各RM1.3

「フィッシュ・ムルク」は昔ながらの素朴な味のスナック。

カリカリスナック「マミー・モンスター」。ピリ辛であとを引く。

RM4.7
(8袋)

スーパー事情 \Check!/
スーパーは、ショッピングモールに必ず入っている。「メルカート ▶P.21」「ヴィレッジ／ジャカグローサー」「ジャイアン」「イオン」がメジャーな店で、どこも品揃えは似ている。KLCCの「ISETAN」は、みやげに適した商品が充実。

KUALA LUMPUR
AREA GUIDE

Bukit Bintang, KLCC, Merdeka Square & Lake Garden, Chinatown, Chow Kit, KL Sentral, Around KLIA

クアラルンプール エリアガイド

多民族が緩やかに住み分けるクアラルンプールは
エリアごとにまったく異なる雰囲気をもつ。
発展とともに未来都市のようなモダンな町並みも増えている。

AREA GUIDE 01

ブキッ・ビンタン
Bukit Bintang

屋台街からハイブランドまで

クアラルンプール最大の
繁華街で最旬名店巡り

マレーシアの銀座ともいえる
クアラルンプールきっての最旬エリアで、
買い物とグルメを満喫！

大型ショッピングモールが集まるのはブキッ・ビンタン駅またはインビ駅周辺。

AREA NAVI
▶Map P.132〜133

✓ **どんなところ？**
ショッピングモールやグルメスポットが集まるKL最大の繁華街。

💡 **何をして楽しむ？**
買い物はもちろん、屋台街で食べ歩きしたり、スパも楽しめる。

🚃 **交通メモ**
チャイナタウンやペトロナス・ツイン・タワーなどへ市内巡回バスあり。

▶所要 12時間
おすすめコース

8:30	阿喜肉骨茶
10:00	ベルジャヤ・タイムズ・スクエア
12:00	スンガイ・ワン・プラザ
13:00	パビリオン
14:00	ロイヤル・セランゴール
14:30	ニョニャ・カラーズ
15:00	スターヒル・ギャラリー
16:00	ファーレンハイト88
17:00	タイ・オデッセイ
18:00	ビジャンまたは客家
20:00	アロー通り

12

📷

クアラルンプール
屈指の屋台街
アロー通り
JI. Alor

目抜き通りのブキッ・ビンタン通りの裏にあるストリートで、昼は一見、ひなびた通りに見えるが、日が暮れると路上には屋台がぎっしり。夜遅くまで多くの人でにぎわい、安くておいしいローカルフード巡りを楽しめる。

▶Map P.132-A2〜B2

🏠JI. Alor 🕐夕方〜24:00（店により異なる）🎫店により異なる 🚇MRT／モノレール ブキッ・ビンタン駅から徒歩約6分

夜になると大にぎわいの バーストリート

マレーシア最大の飲み屋街を形成しているのが、アロー通りから歩いて約1分の所にあるチャンカット・ブキッ・ビンタン。ストリートの両側にはたくさんのバーが並ぶ。

RAJA CHULAN M
ラジャ・チュラン

KLCCへの空中歩道 ▶P.71

⑪ 客家（ハッカ）

Jl. Raja Chulan

Jl. Raja Chulan

Lorong Ceylon

パビリオン
ロイヤル・セランゴールパビリオン店 ⑤ ④

ニョニャ・カラーズ ⑥

東京ストリート ▶P.71

Jl. Ceylon

⑩ ビジャン

タイ・オデッセイ・ ⑨
ファーレンハイト88店

Jl. Nagasari

Jl. Berangan

KLモノレール

Jl. Bukit Bintang

Changkat Bukit Bintang

Jl. Sahabat

マレーシア 最大の屋台街！

⑧ ファーレン　　⑦ スターヒル・ギャラリー
ハイト88

Jl. Gading

BUKIT BINTANG
ブキッ・ビンタン MRT

ロット・テン

アロー 通り ⑫

Jl. Tengkat tong Shim

Goal!

M AIR ASIA-
BUKIT BINTANG
エアアジア・
ブキッ・ビンタン

ブキッビンタン通り

MRT

③ スンガイ・ワン・プラザ

阿喜肉骨茶（ア・ヘイ）① Start!

プトゥ通り Jl. Pudu

プラザ・ローヤット ▶P.70

Jl. Bulan 1

Jl. Imbi

Jl. Barat

ゴー KL シティバスルート

—— ブルーライン
—— グリーンライン
—— パープルライン
♀ バス停

インビ通り

M Imbi
インビ

② ベルジャヤ・
タイムズ・スクエア

Jl. 1/77b

Jl. Sultan Ismail

N

0 ————— 50m

スープがなくなったら店じまい

1 ミシュラン・ビブグルマンの名店
阿喜肉骨茶（ア・ヘイ）
Ah Hei Bak Kut Teh

創業32年のバクテー店。10種以上の漢方を使い、3時間以上煮込んだスープはほんのり甘い。豚肉のミックスが人気で、ホルモン、骨付き、豚バラがごろごろ入っている。店の壁には日本に滞在経験のある店主の姪っ子さんによる日本語のメニュー表記がある。

▶Map P.133-C2

🏠33-A, Medan Imbi ☎016-232-3571 🕐7:30～14:00休水
曜 CardMV 交モノレール インビ駅から徒歩約10分

2 インビ通りの大型モールへ
ベルジャヤ・タイムズ・スクエア
Berjaya Times Squre

▶Data P.65

1階から11階に大小さまざまなショップやレストランが多数。ファミリー向けのテーマパークもある。ネイルサロンの激戦モールで、手軽な値段でジェルネイルができる。

スリル満点！ モール内のジェットコースター

流しのタクシーはメーターを使用せず交渉制にするドライバーも多い。煩わしい人はホテルやショッピングモールのタクシー乗り場から乗車しよう。

3 スンガイ・ワン・プラザ
ローカル色たっぷり
Sungei Wang Plaza

プチプラファッションや靴、アクセサリーなど若者向けのショップが集まるローカルショッピングセンター。気軽に利用できるマッサージ店もある。

▶Data P.64

KLモノレールのブキッ・ビンタン駅と直結

SIMやケータイを手に入れるなら

100を超えるショップが集まり、マレーシアの秋葉原と呼ばれるITモールがここ。PCやスマホ関連の器材やグッズが揃っている。

プラザ・ローヤット
Plaza Low Yat
▶Map P.132-B2
住7 Jl. Bintang
TEL(03)2141-3651
開10:00〜22:00 休無休
Card ADJMV
MRT／モノレール ブキッ・ビンタン駅から徒歩約5分

ガジェット類ならここで探そう。掘り出し物があるかも

4 パビリオン
地上7階の巨大モール
Pavilion

規模はブキッ・ビンタン最大。国内外の有名ブランドやデパートなど700店以上集まり、映画館やダイニングも充実。▶Data P.64

3つの器が重なる噴水は、マレーシアの3民族の融合を表している

5 ロイヤル・セランゴール・パビリオン店
由緒ある定番みやげなら
Royal Selangor

マレーシアを代表する由緒あるピューターのブランド、ロイヤル・セランゴール。パビリオン店に店舗があり、気軽にのぞける。

▶Map P.133-C1
住SLevel 3 Pavilion(→P.64)
TEL(03)2110-3532
開10:00〜22:00 休無休
Card AMV MRT／モノレールブキッ・ビンタン駅から徒歩約5分

ピューター（スズを主成分とした金属）のティーポットやビアマグは長く使える一生物

6 ニョニャ・カラーズ
おやつ休憩
Nyonya Colors

ローカル菓子店。ショーケースに並んだお菓子から2〜3個選び、甘い紅茶テタレと合わせるのが定番。カレーやラクサなど軽食もある。

▶Map P.133-C1
住SLot 1.09.00, Level 1, Pavilion 開10:00〜22:00
休無休 Card MV MRT／モノレール ブキッ・ビンタン駅から徒歩約5分

ういろう似のもっちり食感やもち米のおはぎ系が多い。甘さは意外に控えめ

黄色やオレンジはトウモロコシやドリアン、ピンクは華やかなローズ風味

7 スターヒル・ギャラリー
ハイブランドが一堂に
Starhill Gallery

6階建てのラグジュアリーなモール。ロレックスやオメガなどのハイブランドや上質なレストランが並ぶ。台湾発の誠品生活も注目店。

▶Data P.64

町歩き中のトイレは

町歩き中のトイレは、有料のところもあるがショッピングモールを利用するのがおすすめ。ただし、トイレットペーパーが備わっていないことも多いので、ティッシュは持ち歩こう。

8 カジュアルブランドの聖地
ファーレンハイト88
Fahrenheit 88

マレーシア初のユニクロやマレーシアで人気の靴ブランド、チャールズ＆キースなど、カジュアルブランドを中心に250店舗入店。

▶ Data P.64

9 テラピストの腕がいい
タイ・オデッセイ・ファーレンハイト88店
Thai Odyssey

タイ人による本場のタイマッサージが受けられる。ストレッチ中心のマッサージは程よい力加減で、旅の疲れを癒やしてくれる。

▶ Data P.28

10 マレーシア料理ならここ
ビジャン
Bijan

地元で誰もがすすめるマレーシア料理の人気店。定番料理のほか、各地方の伝統料理を上品にアレンジしている。店は古いショップハウスを改装した高級感ある造り。

▶ Map P.132-A1

住 3, Jl. Ceylon 電 (03) 2031-3575 営 16:30～23:00 休 無休 Card AMV 交 MRT／モノレール ブキッ・ビンタン駅から徒歩約12分

マレー風焼き鳥のサテー

Column

巡回バスを上手に利用しよう

バス前面のルート名をチェック

市民の足にもなっているのが、KL市内のおもに5区間を巡回するゴーKLシティバス。6:00～23:00の間、約5～15分ごとにルートを巡回している。

▶ 詳細 P.128

\Check!!/
東京ストリートをチェック！
高級ショッピングモール、パビリオンの中にあるのが東京ストリート。浅草を模した店やラーメン店、緑茶カフェなどが並び、外国人観光客に人気のスポットになっている。

まるで日本のショッピングモールのよう

11 中国客家料理の老舗店
客家（ハッカ）
Hakka

1956年創業、オープンエアの席が心地いい人気の客家料理店。ポークナックルや豚バラの煮込みが看板料理で、大人数ならスチームボートもおすすめ。

▶ Map P.133-C1

住 90, Jl. Raja Chulan 電 (03) 2143-1908 営 11:30～14:00、17:30～21:30（スチームボートは夜のみ）休 無休 Card AJMV 交 MRTラジャ・チュラン駅から徒歩約5分

秘伝のスープを使ったスチームボート（RM76/2人分）は、地元の人も絶賛の味

Column

KLCCへの空中歩道
パビリオンの入口にはブキッ・ビンタンとKLCCを結ぶ全長約1.2kmの空中歩道（ウオークウエイ）があり、KLコンベンションセンターまで徒歩約10分。一応は空調も完備され、暑い日や雨の日の移動に便利。

クアラルンプールのシンボル

ツインタワーがそびえ立つ
エネルギッシュなコンテンポラリータウン

ゴーKLバスは市民も利用するため混雑している。手荷物には注意しよう

高層ビルが建ち並ぶクアラルンプール最大のビジネス街が
KLCC（クアラルンプール・シティ・センター）。
町のシンボル、ペトロナス・ツイン・タワーを筆頭に
必訪スポットが多い。

AREA GUIDE 02

KLCC周辺
Around KLCC

AREA NAVI

☑ どんなところ？

マレーシアの繁栄を象徴する大都会。水族館やペトロナス・ツイン・タワー近くには公園があり、自然に触れることもできる。

💡 何をして楽しむ？

ツイン・タワーに上って町の全景を眺めたり、公園やバーからタワーを見上げたり。ほかにも、ショッピングやグルメを楽しめる。

🚃 交通メモ

ツイン・タワーはLRTのKLCC駅直結。KLCC周辺へはブキッ・ビンタンからゴーKLシティバス（グリーンライン）でも行ける。

▶ Map P.134〜135

1 鉄道移動ならKLCC駅で下車を

ペトロナス・ツイン・タワー
📷 Petronas Twin Tower

LRTのKLCC駅は地下にあり、ツイン・タワーの真下にある。駅に着いたら地上に出て、まずは真下からタワーを眺めてみよう。迫力ある写真が撮れ、旅の思い出にぴったり。

▶ Data P.12

MaTiC（マレーシア・ツーリズムセンター）

アンパン通りにあり、観光情報の紹介のほか、民族舞踊ショーなども見学でき旅行者に好評。（→P.74）

LRT（クラナ・ジャヤ・ライン）

9 サロマ・リンク・ブリッジ
8 エラワン・ウェルネス・マッサージ Jl. Ampang
KLCC
1 ペトロナス・ツイン・タワー **LRT**
Start!
アンパン通り Jl. Ampang アンパン通り
Persiaran KLCC
5 アンパン通り Jl. Ampang
10 ツイン・タワーの噴水ショー **2** スリア KLCC
Goal!
★マレーシア・ツーリズムセンター（MaTiC）
Persiaran KLCC
DANG WANGI **LRT** ダン・ワンギ
7 ラウンジ・オン・ザ・パーク
BUKIT NANAS **M** ブキッ・ナナス
H マンダリン・オリエンタル・クアラルンプール
スルタン・イスマイル通り Jl. P. Ramlee Jl. Pinang Persiaran Petronas
6 KLCC 水族館（アクエリア） スカイ・バー **P.75**
パシフィック・リージェンシー・ホテル **H**
3 ボンベイ・パレス・レストラン
H トレーダース・ホテル・クアラルンプール
KL タワー（ムナラ KL） **4** ★
グランド・ハイアット・クアラルンプール **H**
Jl. Sultan Ismail KLモノレール Jl. Perak Jl. Kia Peng
KLCC への空中歩道 **P.71**

ゴー KL シティバスルート

—— ブルーライン
—— グリーンライン
—— パープルライン
♀ バス停

RAJA CHULAN ラジャ・チュラン **M**

N

0　　　　100m

パビリオン・ Jl. Conl

Jl. Con

---

2 ツイン・タワーのSC
スリア KLCC
SURIA KLCC
Data P.65

ツイン・タワーとKLCC駅に直結する大型のショッピングセンター。一流ブランドから人気のファッションアイテムまで勢揃いするほか、飲食店も充実。

▶▶所要 **11時間**

おすすめコース

時間	コース
9:30	ペトロナス・ツイン・タワー
10:00	スリア KLCC
11:30	ボンベイ・パレス・レストラン
13:00	KLタワー
15:00	マレーシア・ツーリズムセンター（MaTiC）
16:30	KLCC水族館または ラウンジ・オン・ザ・パーク
18:00	エラワン・ウェルネス・マッサージ
19:00	サロマ・リンク・ブリッジ
20:00	ツイン・タワーの噴水ショー

1 吹き抜けのエリアを囲むように店が並ぶ　2 定番のナシルマッ　3・4 ローカル料理からパスタまで揃うレストラン「スライ」。ここの人気メニューは青いご飯にココナッツやソースを混ぜて食べるナシクラブ　5 日本人にも人気のヴィンチ　6 日本の本もある紀伊國屋書店

VINCCI

Kinokuniya

Column

トイレの男女マーク

"マレーシアあるある"がトイレの男女マークの違いがわかりにくいこと。日本のように色分けがなく、簡略化されているので、パッと見どちらか判断しにくい。間違えないようにしよう。

KLタワーに行く場合、チケットは事前にオンラインサイトで購入しておくといい。

3 世界トップクラスの北インド料理
ボンベイ・パレス・レストラン
Bombay Palace Restaurant

世界各国に支店を展開しているムガール王朝風のラグジュアリーなレストラン。数々のアワードを受賞している名店で、美食の町KLでも人気。

▶Map P.134-B3

🏠Life Centre Mezzanine Floor,20 Jl.Sultan Ismail
☎(03) 2171-7220
🕐12:00〜14:30、18:30〜22:30 🈠無休 Card ADJMV
🚃モノレール ブキッ・ナナス駅から徒歩約10分

1 高級感の漂う店内
2 インド北部の味がベース。日本語メニューもある

4 360度の眺望が圧巻
▶Data P.15
KLタワー (ムナラKL)
KL Tower (Menara KL)

25階にある地上276mの展望台からクアラルンプール市街のパノラマビューを楽しめる。さらに高層階には絶景が広がるスカイボックスも。

1 ガラス張りのスリリングな空間、スカイボックス
2 展望レストランも人気

5 火・水曜の舞踊ショーが圧巻
▶Map P.134-B2
マレーシア・ツーリズムセンター
Malaysia Tourism Centre (MaTiC)

観光情報センターで伝統舞踊ショー(毎週火・水曜15:00〜15:45)が楽しめる。マレーシアの多文化を表現したさまざまな舞踊で見応えがある。

🏠109, Jl Ampang ☎(03) 9235-4800 🕐8:00〜17:00 🈠土日祝 🚃LRT KLCC駅またはモノレール ブキッ・ナナス駅から徒歩約10分

ザピンやジョゲッといった伝統舞踊は祭りに欠かせないもの

6 必見は長さ90mの水中トンネル
KLCC水族館
(アクエリア)
Aquaria KLCC

ツイン・タワー近くのKLコンベンション・センターの地下にあり、約150種5000匹の海の生き物を展示。人気の水中トンネルは動く歩道に乗って、水中散歩気分を楽しめる。

▶Map P.135-C3

🏠Kuala Lumpur Convention Centre Complex ☎(03) 2333-1888 🕐10:00〜19:00 🈠無休 Card MV 🎫大人RM75、子供RM65 🚃LRT KLCC駅よりペトロナス・ツイン・タワーの地下階から連絡通路で徒歩約5分

巨大なサメやマンタ、ナポレオンフィッシュなどが悠々と泳ぎ回る姿を間近に見れる

7 アフタヌーンティーなら
ラウンジ・オン・ザ・パーク
Lounge on the Park

マンダリン オリエンタル ホテルにあり、60種類の最高級紅茶と極上のペストリーを楽しめる。緑を望む屋外テラスがおすすめ。

Map P.135-C2

🏠Mandarin Oriental Kuala Lumpur, Kuala Lumpur City Centre ☎(03) 2179-8883
🕐8:00〜翌1:00 休無休 Card ADJMV 🚉LRT KLCC駅から徒歩約15分

9 夜空を彩るビュースポット
サロマ・リンク・ブリッジ
Saloma Link Bridge

KLCCすぐ近くにある全長68mの巨大な橋。夜はライトアップされ、青や緑、国旗カラーなどに輝く。背景にツイン・タワーも見える。

Map P.134-B2外

🏠AKLEH, Kampung Baru
🚉LRT KLCC駅から徒歩約5分

10 KLCC公園の名物
ツイン・タワーの噴水ショー
Lake Symphony

ツイン・タワーを背景に高さ約42mの噴水に光と音が加わる幻想的なショー。KLCC公園で毎日夜に開催されている。 **Data** P.12

噴水ショーとツイン・タワーを同時に楽しめる

8 モール内にある安心のスパ
エラワン・ウェルネス・マッサージ
Erawan Wellness Massage

KLCCからすぐのモール内にあるタイマッサージ店。手軽に足もみもいいし、タイ伝統のハーバルボールで深いリラックスもおすすめ。

Map P.135-C2

🏠S Level L2, Lot No: 6A , Avenue K
☎(03) 2166-6999
🕐10:00〜22:00 休無休 Card MV
🚉LRT KLCC駅からすぐ

1 装飾が美しい店内　2 メニューにリフレクソロジーRM69.50（30分）、ハーバルボールRM150.60（90分）など

迫りくるツイン・タワーに圧倒されるマリニーズ・オン57。スカイ・バーは、夜空に浮かぶ宝石のようなツイン・タワーが望める。

Column

ツイン・タワーを望む
ロマンティックな夜景バー

🍸マリニーズ・オン 57
Marini's on 57

ツイン・タワーのすぐ隣のビルで、エレベーターで57階まで直行。至近距離で見るツイン・タワーのきらめきと迫力はクアラルンプール随一。

Data P.14

🍸スカイ・バー
Sky Bar

Map P.135-C3

🏠Traders Hotel Kuala Lumpur
☎(03) 2332-9911
🕐17:00〜24:00（金・土曜、祝前日〜翌1:00）
休無休 Card AMV
🚉モノレール ラジャ チュラン駅、LRT KLCC 駅徒歩約12分

歴史的建造物が集まる

オールドタウンで名所巡り

近代化を象徴するKLCC周辺の町並みとはガラリと変わり、
イギリス統治時代の面影が色濃く残るオールドタウンが、
ムルデカ・スクエア（独立広場）周辺。
緑豊かなレイク・ガーデンとともに歴史と文化、
自然にたっぷり触れよう。

1 イギリス統治時代の建造物が並ぶ ムルデカ・スクエア（独立広場）

Merdeka Square

「ムルデカ」はマレー語で「独立」を意味し、1957年、英国からの独立を宣言した歴史的な場所がここ。周囲にはイギリス統治時代のコロニアル建築やイスラム建築など、エキゾチックな町並みが残っている。

▶Map P.134-A1

住 Jl. Raja, Kuala Lumpur City Centre
TEL (03)2693-7905 休 無休
交 LRTマスジッド・ジャメ駅から徒歩約10分

AREA GUIDE 03

ムルデカ・スクエアと レイク・ガーデン

Merdeka Square & Lake Garden

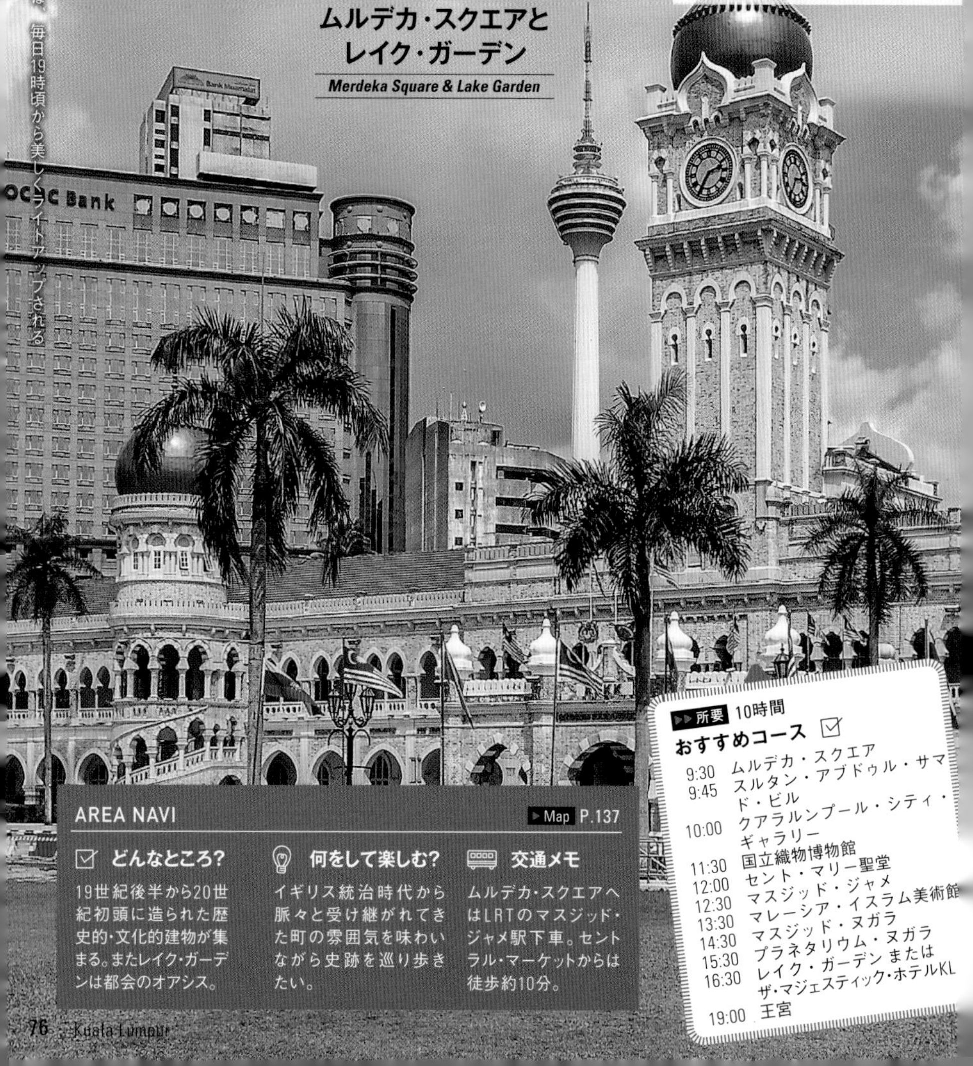

スルタン・アブドゥル・サマド・ビルは、毎日19時頃から美しくライトアップされる

AREA NAVI

▶Map P.137

どんなところ？
19世紀後半から20世紀初頭に造られた歴史的・文化的建物が集まる。またレイク・ガーデンは都会のオアシス。

何をして楽しむ？
イギリス統治時代から脈々と受け継がれてきた町の雰囲気を味わいながら史跡を巡り歩きたい。

交通メモ
ムルデカ・スクエアへはLRTのマスジッド・ジャメ駅下車。セントラル・マーケットからは徒歩約10分。

▶▶所要 10時間

おすすめコース

9:30 ムルデカ・スクエア
9:45 スルタン・アブドゥル・サマド・ビル
10:00 クアラルンプール・シティ・ギャラリー
11:30 国立織物博物館
12:00 セント・マリー聖堂
12:30 マスジッド・ジャメ
13:30 マレーシア・イスラム美術館
14:30 マスジッド・ヌガラ
15:30 プラネタリウム・ヌガラ
16:30 レイク・ガーデン または ザ・マジェスティック・ホテルKL
19:00 王宮

Column

川沿いの
ウオールアート

建物の壁に描かれたアートに注目。船で運んだ貿易の歴史を表現するなど歴史エリアらしい演出。

スルタン・アブドゥル・サマド・ビル **②**　セント・マリー聖堂 **⑤**　LRT アンパンライン

JI. Parlimen

ムルデカ・スクエア **①** **Start!**　マスジッド・ジャメ　**⑥** MASJID JAMEK マスジッド・ジャメ LRT

⑫ 王宮へ ●国家記念碑

Goal!

クアラルンプール・シティ・ギャラリー **③**

国立織物博物館 **④**

バサール・ベサール通り Lebuh Pasar Besar

セントラル・マーケット

JI. Kebun Bunga

JI. Lembah

JI. Cenderawasih

レイク・ガーデン **⑩**

マスジッド・ヌガラ（国立モスク）**⑧**

マレーシア・イスラム美術館 **⑦**

MOZA レストラン **P.78**

Persiaran Tuanku Jaafar

プラネタリウム・ヌガラ（国立プラネタリウム）**⑨**

ザ・マジェスティック・ホテル KL **⑪** **H**

LRT MRT PASAR SENI バサール・スニ

KUALA LUMPUR クアラルンプール KTM

JI. Damansara

MRT

国立博物館 **P.79** MRT

MUZIUM NEGARA 国立博物館

JI. Damansara

KTM コミューター

N

0　100m

KL SENTRAL KLセントラル

LRT（クラナ・ジャヤ・ライン）

ゴー KL シティバスルート

―――― レッドライン

―――― パープルライン

♀　バス停

Column

リバー・オブ・ライフ KL
River of Life KL

クアラルンプール発祥の地といわれるクラン川とゴンバック川の合流地点。夜20:30より幻想的な青色にライトアップ。

Column

モスクに行くときの服装に注意

肌を露出した服装は好ましくない。女性の場合はスカーフを巻くことを義務づけられている場合がある（スカーフの貸し出しあり）。

---

2 植民地時代を代表する建造物

📷 ### スルタン・アブドゥル・サマド・ビル
（旧連邦事務局ビル）
Sultan Abdul Samad Building

イギリスのビクトリア様式、イスラムのムーア様式、インドのムガール様式が融合したデザインが印象的。

▶ **Map** P.134-A1

住 JI. Raja
料 無料
交 LRTマスジッド・ジャメ駅から徒歩約10分

銅製の丸いキューポラが目印

---

3 KLについて詳しく知ることができるギャラリー

📷 ### クアラルンプール・シティ・ギャラリー
Kuala Lumpur City Gallery

ケーキが人気！

1998年創業の英国コロニアル様式の建物を利用したギャラリー。KLの歴史を写真や模型で紹介。併設のカフェでゆったりするのもおすすめ。

▶ **Map** P.134-A1

住 No.27, JI. Raja, Dataran Merdeka 電 (03)2698-3333 開 9:00〜18:00 休 火曜 交 LRTマスジッド・ジャメ駅から徒歩約10分

4 マレー文化と歴史を学ぶ
国立織物博物館
Muzium Tekstil Negara

美しい民族衣装が展示されている

マレーシア全土の民族衣装を展示している博物館。織物の工法や材料、染料、装飾刺繍、金属の装飾品なども紹介している。

▶Map P.134-A1

住26, Jl. Sultan Hishamuddin 電(03)2694-3457
開9:00～17:00 休無休 料大人RM5、子供RM2
交LRTマスジッド・ジャメ駅から徒歩約10分

5 イギリス統治時代の面影が残る
セント・マリー聖堂
Cathedral of St. Mary The Virgin

由緒正しいイギリス国教会

ゴシック建築を基調に設計され、1894年に建てられた英国系の教会。受付で教会に関するさまざまな説明を受けることもできる。

▶Map P.134-A1

住Jl. Raja 電(03) 2692-8672
開9:00～16:00 休無休
交LRTマスジッド・ジャメ駅から徒歩約10分

6 市内最古のイスラム寺院
マスジッド・ジャメ
Masjid Jamek

Kuala Lumpurはマレー語で「泥川の合流地点」の意味。マスジッド・ジャメはKL発祥の地であるクラン川とゴンバック川の合流地点に立つ。

▶Map P.134-A1

住Jl. Tun Perak, City Centre
電(03)2691-2829 開10:00～12:30、14:30～16:00 休金曜 料見学自由(礼拝時間の間は不可)
交LRTマスジッド・ジャメ駅からすぐ

クアラルンプールの語源に立つモスク
1909年にイギリス人建築家A.B.Hubbockにより建設され、インドのムガール建築の影響を受けている。その美しさはマレーシア屈指。

7 イスラム美術を楽しめる
マレーシア・イスラム美術館
Islamic Art Museum Malaysia

オスマン様式のタイル張りで彩られた美しい美術館。約3万m²の館内にイスラム諸国や中国、インドなど世界のイスラム装飾品が集まる。

▶Map P.137-C2

住Jl. Lembah Perdana
電(03)2274-2020 開9:30～18:00
休無休 料大人RM20、学生RM10(6歳以下無料) 交KTMクアラルンプール駅から徒歩約10分

イスラム建築に欠かせないタイル絵が印象的

イスラムアートの美しいタイルRM79.90

\Check!!/
イスラムアートの雑貨もチェック!
併設されているミュージアムショップはセンス抜群。文具やタイル、マグカップなどが手に入る

ブックマークRM12.90

コースターRM25

Column

白を基調にしたアラビックな内装

ランチの穴場！
絶品マレーシア＆アラブ料理
マレーシア・イスラム美術館に併設されているレストラン。洗練された居心地のいい空間で、マレー料理を中心に日本ではなかなか味わえないイスラム諸国の伝統料理を楽しめる。

MOZAレストラン
MOZA Restaurant

▶Map P.137-C2

住Jl. Lembah Perdana,Islamic Art Museum Malaysia 電(03)2092-7134
開10:00～17:00 休無休 CardMV
交KTMクアラルンプール駅から徒歩約10分

このあたりは見どころが多く、猛暑のなかを歩き回ることになるので、暑さ対策は必須。配車アプリGrab（→P.128）を積極的に利用しよう。

8 1965年完成の国立モスク
マスジッド・ヌガラ
（国立モスク）
Masjid Negara (National Mosque)

14角星形のターコイズブルーの屋根が特徴的で随所に見られる伝統的なイスラム装飾が美しい。8000人が収容できる大規模モスク。

▶Map P.137-D2

住 Jl. Perdana 電 (03)2693-7905 開 礼拝は1日5回。その間の見学は不可 休 無休 料 無料 交 KTMクアラルンプール駅から徒歩約4分

高さ73mのミナレットがそびえ立つ

入館の際は肌の露出を避け、靴は入口で脱ぐ。女性は入口でローブとスカーフを貸してくれるので、それを身に着ける。男性も短パンはNG。

9 マレーシアの星空を体験
プラネタリウム・ヌガラ
（国立プラネタリウム）
Planetarium Negara (National Planetarium)

小高い丘の頂上に立地。望遠鏡のある天文台や宇宙科学に関する常設展、映画、ショーなどを楽しめる。

▶Map P.137-C3

住 53, Jl. Perdana 電 (03)2273-4301 開 9:00〜16:30 休 月曜 料 大人 RM12、子供 RM8 交 KLセントラル駅から車で約12分

宮殿のようなたたずまい

10 都会のオアシス
ペルダナ・ボタニカル・ガーデン
（レイク・ガーデン）
Perdana Botanical Garden

レイク・ガーデン内のバードパークは東南アジア最大規模

湖を抱く広大な公園で、南国の鳥、蝶、花が見られる。それぞれの施設は距離があるので、Grabかトラムを利用しよう。

▶Map P.137-C2

住 Jl. Kebun Bunga, Tasik Perdana 開 7:00〜20:00 休 無休 料 無料 交 KLセントラル駅から車で約15分

バタフライ・パーク
Butterfly Park

▶Map P.137-C2

住 Jl.Cenderawasih 電 (03)2693-4799 開 9:00〜16:30 休 無休 料 大人 RM30、子供 RM18 交 KLセントラル駅から車で約15分

バード・パーク
Taman Burung (Bird Park)

▶Map P.137-C2

住 920 Jl.Cenderawasih 電 (03)2272-1010 開 9:00〜18:00 休 無休 料 大人 RM85、子供 RM60 交 KLセントラル駅から車で約15分

Column

日本人ガイドがいる博物館

国立博物館ではマレーシアの歴史や文化、美術工芸、自然などを紹介している。金・土曜の10:00から日本語ガイドツアー（1時間程度）があり、よく学べる。

国立博物館
National Museum

▶Map P.137-C3

住 Jl. Damansara 電 (03)2267-1111 開 9:00〜17:00 休 ハリラヤ・プアサ、ハリラヤ・ハジ 料 大人 RM5、子供 RM2 交 MRT国立博物館駅から徒歩約1分

世界最大級の ブロンズ像「国家記念碑」

米国人彫刻家による、高さ15.54mのブロンズ像がレイク・ガーデンの北にある。国旗を持つ7名のマレーシア軍兵士が描かれている。▶Map P.137-C1外

白と黄色に輝く宝石のような王宮

ゆったりくつろげるコロニアルカフェ

11 ホテルでアフタヌーンティー
ザ・マジェスティック・ホテル・クアラルンプール
The Majestic Hotel Kuala Lumpur

伝統のあるホテルで、優雅なアフタヌーンティーを楽しもう。3段重ねの正統派で、セイボリーにはマレーシアらしいカレー味の揚げ物も。ランの花が飾られた部屋やふかふかのソファ席など空間も極上。▶Data P.27

12 マレーシア国王の宮殿
王宮
Istana Negara
（National Palace）

黄色に輝くドーム型屋根や真っ白なファサードが印象的な国王の住居。王室行事などの会場でもある。王宮は門の外からのみ見学可。

▶Map P.130-B1

住 Istana Negara, Jl. Duta 交 ホップオン・ホップオフ・バスの21番停留所 NationalPalace (Jl.Duta)で降りてすぐ

路地裏歩きを満喫！

露店がひしめく
必訪タウンへ

迷路のように入り組んだ路地に露店が立ち並び、アジアらしい雑踏を楽しめるのがクアラルンプールのチャイナタウン。地元で人気の絶品グルメの店も数多く、食べ歩きと有名スポット巡りが楽しい。

AREA GUIDE 04

チャイナタウン
Chainatown

5 チャイナタウンを南北に縦断
ブタリン通り
Jl. Petaling

屋台が軒を並べるチャイタウンのメインストリートが、ブタリン通り。スルタン通りの南側には、おしゃれカフェやウォールアートがあり楽しみ満載のエリア。

▶ Map P.136-B2

Jl. Petaling ⊠LRT／MRTパサール・スニ駅から徒歩約5分

Column
ムルデカ118がにょきっ！

チャイナタウンの空を彩る超高層ビル、メルデカ118。クアラルンプール再開発の目玉のビルで、100階以上のフロアにホテルが入る予定。

▶ 所要 5時間
おすすめコース ☑

10:00	セントラル・マーケット
11:00	クワイ・チャイ・ホン
11:30	南香
12:30	バンダン・リパブリック青青
13:00	ブタリン通り
13:00	シクアン・ティー・アート
14:00	スリ・マハ・マリアマン
15:00	寺院

AREA NAVI ▶ Map P.136

☑ どんなところ？
植民地時代からの古い町並みが続き、市内で最も活気のあるエリアのひとつ。多くの観光客が足を運ぶ。

💡 何をして楽しむ？
チャイナタウンを訪れたからには食べ歩きが欠かせない。まずはブタリン通りから攻めよう。セントラル・マーケットでおみやげ探しも忘れずに。

🚇 交通メモ
最寄り駅はLRTとMRTのパサール・スニ駅。ムルデカ・スクエアからは徒歩圏内。

写真撮影が楽しい

2 昔の華人街を再現
クワイ・チャイ・ホン
Kwai Chai Hong

建物の壁に多数の絵が描かれ、タイムスリップ気分が味わえる。広東語でいたずらっ子をクワイ・チャイ（鬼仔）と呼び、ここはそんな子たちが暮らしていたエリアだったとか。ノスタルジーに浸れるスポット。

▶ Map P.136-B3

Lorong Panggung , Chinatown ⊠LRTパサール・スニ駅から徒歩約10分

生姜とチリのたれにつけていただく

3 海南チキンライスの名店
南香（ナムヒョン）
Nam Heong

味に定評のある1938年創業のチキンライスの店。いつも地元客と観光客でにぎわっている。チキンは蒸し鶏とロースト鶏の2種。なかでも蒸しの地鶏（ビレッジ・チキン）が名物。閉店は16:00なのでランチで利用しよう。

▶ Data P.52

Column

Rex KL

若者が集まるハプニングスポット。屋上のバーや迷路チックな書店など独特の空間デザインがクール。

---

4 人気のおしゃれカフェ
パンダン・リパブリック青青
🍴 Pandan Republic

クワイ・チャイ・ホン入口にあるカフェ。伝統菓子に使うハーブ、パンダンの香りが効いたソフトクリームが名物。手作り菓子も人気。

▶ Map P.136-B3

🏠 No 6, Lorong Panggung
☎ 010-2210-7296
⏰ 10:00～18:00(金・土・日曜～22:00) 休 無休 Card MV
🚇 LRTパサール・スニ駅から徒歩約10分

紫芋をねりこんだ大福のような菓子

1 雑貨の百貨店でを探索
セントラル・マーケット
📮 Central Market

▶ Data P.58

観光客が一度は足を運ぶ定番の買い物スポット。マレーシア各地の民芸品や近隣諸国の輸入雑貨が集まり、時間がたつのを忘れてしまうほど。

チャイナタウンで必見の見どころ

この看板を目印に

6 お茶の入れ方も教えてくれる
シクアン・ティー・アート
Shiquan Tea Art

日本人リピーターも多い茶葉専門店。ジャスミンパール、プーアールなど、どの茶葉もクオリティが高い。おみやげ用から高級茶葉、茶器まで揃う。

▶ Map P.136-A2

🏠 No.135, Jl. Tun H.S Lee
☎ (03) 2078-2409 ⏰ 10:00～16:00
休 日曜 Card MV 🚇 LRT ／ MRT パサール・スニ駅から徒歩約5分

7 KL最古のヒンドゥー寺院
スリ・マハ・マリアマン寺院
📷 Sri Maha Mariamman Temple

ヒンドゥー寺院のなかではKL最大規模。228体のヒンドゥーの神々や従者が彫刻された5層のゴプラム(門塔)が圧巻。

▶ Map P.136-A2

🏠 167, Jl. Tun H. S. Lee
☎ (03) 2078-3467 ⏰ 6:30～10:30、11:30～13:00、16:00～20:30 休 無休
⏰ 無料 🚇 LRT ／ MRT パサール・スニ駅から徒歩約3分

入口で靴を脱いで入る

チョウキットへはKLモノレールでもアクセス可。メダン・トゥアンク駅で下車しよう。LRTはPWTC駅で下車しても0K。

AREA GUIDE 05

チョウキット
Chow Kit

さまざまな民族が行き交う
都会のなかの下町で
異国情緒を楽しむ

大都市KLのイメージとは裏腹の、市民の日常生活を垣間見ることができるディープなエリアがチョウキット。町にはさまざまな民族が行き交う。

▶所要 5時間

おすすめコース ☑

14:00	リトル・インディア（トゥンク・アブドゥル・ラーマン通り周辺）
15:00	そごう
16:00	メイ・クラシック・ウェア・ブティック
17:30	リマプロ（木・金・土曜）
19:00	マン・タオ・バー

AREA NAVI

☑ どんなところ？

下町的存在が、トゥンク・アブドゥル・ラーマン通り周辺。チョウキットはその北側にあり、マレー人が多く住む。

💡 何をして楽しむ？

KLで最も古くから続く繁華街トゥンク・アブドゥル・ラーマン通り周辺は、古くから続く繁華街のひとつ。いろいろな店をひやかしながらパワーあふれる町でローカル気分に浸ろう。

🚌 交通メモ

LRTのバンダラヤ駅か、マスジッド・ジャメ駅で下車。巡回するゴーKLシティバスのレッドラインでもアクセスできる。

▶Map P.138

1 エキゾチックな雰囲気がたっぷり
📷 リトル・インディア（トゥンク・アブドゥル・ラーマン通り周辺）
Little India Jl.Tuanku Abdul Rahman

イギリス統治時代からの歴史ある建築物が点在し、なかでもインド映画専門のコロシアム映画館が有名。ストリートの両側にはマレーシア産の生地やインド系洋服店がひしめき合う。

▶Map P.138-B2〜3

📍Jl. Tuanku Abdul Rahman ❎LRTバンダラヤ駅から徒歩約5分 LRTマスジッド・ジャメ駅から徒歩約7分

2 地元の人でにぎわう
✉ そごう
Sogo

トゥンク・アブドゥル・ラーマン通りの北にあり、ローカル向けブランドが充実。観光客は少ない。総菜売り場もある。

▶Data P.65

Column

KLのリトル・インディア

KLにふたつあるリトル・インディアのひとつがトゥンク・アブドゥル・ラーマン通りの東側にあるマスジッド・インディア通り。町にはインド音楽が流れ、インド系の店が集まる。

サリーやインドシルクなど見て楽しい通り

\Check!/

市場にはランブータンなどがあれこれ

昔ながらの大きな市場へ

時間があれば地元で親しまれているチョウキット・マーケットへ。肉や魚、野菜、果物、スパイスなどの店が並ぶ独特の雰囲気が楽しい。

朝ごはんにユッキーへ

1928年創業のレトロな喫茶店。マレーシアの定番の朝食カヤトーストが名物。

3 民族衣装をオーダー
メイ・クラシック・ウェア・ブティック
May Classic Ware Boutique

マレー系の民族衣装に興味がある人は、生地店で布を買い、ここで仕立ててもらおう。仕上がりまで4～5日程度。デザインの相談も可。

1 プルタマモール内にある
2 店主のメイさん

▶ Map P.138-A2

住2.88 2 nd Floor, Pertama Compleks
☎010-2210-7296 営11:00～18:00(土・日曜12:00～17:00) 休無休 Card MV
交LRT バンダラヤ駅から徒歩約10分

4 ランチタイムは行列
リマプロ (ババ・キャン・クック)
Limapulo (BaBa Can Cook)

ニョニャ料理の人気店で、ラクサやカレーが名物。オーナーの持ち物であるアンティークの小物で飾られた店内は一見の価値あり。

▶ Map P.138-B2

住The Row 150, Jl. Doraisamy
☎(03) 2698-3268 営11:30～15:00、17:30～21:00(木・金・土曜) 休日曜 Card MV 交モノレール メダン・トゥアンク駅から徒歩約3分

CHOW KIT
チョウキット

LRT (プトラ・ライン)
PWTC LRT
プトラ通り Jl.Putra
チョウキット通り
Jl. Chow Kit
Jl.Raja Laut
Jl.Raja Bot
ラジャ・ボット通り
ウイークエンド・ナイトマーケット
チョウキット・マーケット
Jl.Haji Taib
Jl.Raja Alang
KLモノレール
Jl.Raja Laut
ラジャ・ラウト通り
Jl.Tuanku Abdul Rahman
Jl.Dewan Sultan Sulaiman
Jl.Dewan Sultan Sulaiman
LRT SULTAN ISMAIL
スルタン・イスマイル
KTM コミューター
キャル・シティ・モール
MEDAN TUANK
メダン・トゥアンク
Jl.Sultan Ismail
リマプロ (ババ・キャン・クック) 4
ザ・ロウ
マン・タオ・バー 5
Goal!
ホテル・ストライプスクアラルンプール H
ユッキー
Jl.Dang Wangi
Jl.Kuching
コンノート通り
スルタン・イスマイル通り
3 メイ・クラシック・ウェア・ブティック
ブルタマ
2 そごう
リトル・インディア (トゥンク・アブドゥル・ラーマン通り周辺)
LRT BANDARAYA
バンダラヤ
たくさんの生地店が並ぶ
1 Start!
KTM BANK NEGARA
バンク・ヌガラ
Jl.Masjid India
Jl.Tuanku Abdul Rahman
トゥンク・アブドゥル・ラーマン通り
Jl.Munshi Abdullah
LRT (クラナ・ジャヤ・ライン)
Sungai Klang
Jl.Ampang
リトル・インディア
Jl.Raja Alang
Jl.Raja Laut

N
0 100m

ゴー KL シティバスルート
— レッドライン
— ブルーライン
♀ バス停

カクテルも楽しめる

クランIII

5 夜景がきれいな穴場バー
マン・タオ・バー
Man Tao Bar

ホテル・ストライプスの屋上階にあり、インフィニティプールの向こうにきらめく夜景が広がる。

プールの水面もキラキラ

▶ Map P.138-B2

住H Hotel Stripes Kuala Lumpur(→P.89)
☎(03) 2078-5879 営17:00～24:00 休日曜
Card AMV 交LRTダン・ワンギ駅から徒歩約10分

KLセントラル
KL Sentral

AREA NAVI

☑ どんなところ？
周囲にはオフィスビルや高級ホテル、ショッピングセンターが立ち並ぶ一方、駅裏には庶民的な繁華街が残っている。

💡 何をして楽しむ？
駅と直結したショッピングモールで買い物したり、リトル・インディアと呼ばれるエリアで食べ歩きも楽しい。

🚌 交通メモ
空港とKLを結ぶKLIAエクスプレス、KLIAトランジットのほか、LRT、KTM、KLモノレールなどが乗り入れている。

▶Map P.139

縦書き：KLセントラル駅のモダンな駅舎の設計は、故黒川紀章氏によるもの。

KLセントラル駅がある交通の中心地

駅裏のインド人街でグルメ＆プチプラみやげ探し

空港と市内を結ぶ特急電車のほか、複数の鉄道が乗り入れる陸の玄関口、KLセントラル駅。観光で利用することも多く、表情豊かなエリアだ。

3 KLのもうひとつのインド人街
リトル・インディア（ブリックフィールズ）
Little India（Brickfields）

KLモノレールのKLセントラル駅の周り、ブリックフィールズと呼ばれるエリア。チョウキットのリトル・インディアは生地店が中心だが、こちらはインド系の食堂や商店が多く、食べ歩きを楽しみたい人におすすめ。

▶Map P.139-C1

住 272, Jl. Tun Sambanthan
交 KLセントラル駅から徒歩約10分

▶▶所要 3時間
おすすめコース ☑

10:00 12:00	ニュー・セントラル レジェンド・クレイポット・ブリヤニ・ハウス
13:00	リトル・インディア（ブリックフィールズ）

1 ニュー・セントラル

8階建てショッピングモール

NU Sentral

KLセントラル駅とモノレール駅に直結し、快適な通路としても親しまれている。KLセントラル駅直結のモールなので、旅中の時間調整にも最適。

▶ Data P.65

ローカルブランドから有名どころまで入店

KLセントラル駅とMRT国立博物館駅は通路でつながっている

鉄道路線が発達し、現在も拡張を続けているKL市内の交通。KLセントラル駅とMRTの国立博物館駅は連絡通路で移動できる。

2 レジェンド・クレイポット・ブリヤニ・ハウス

土鍋で炊くブリヤニが名物

Legend's Claypot Briyani House

インド系の炊き込みご飯、ブリヤニの人気店。ブリヤニ・マトンRM26、ブリヤニ・エビRM22.50、ブリヤニ・チキンRM18.50が人気でトーサイなど軽食も多い。

▶ Map P.139-D1
住 50 Jl. Vivekananda, Brickfields
電 (03) 2380-4149 営 8:00～22:00
休 ディパバリ祭の2日間 Card MV
交 KLセントラル駅から徒歩約10分

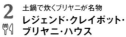

混ぜて、カレーソースと一緒にいただく

レアなインドのお菓子が手に入る！

リトル・インディアにはインドのスイーツを気軽に楽しめる店も多い。香辛料たっぷりのインド料理を食べたあとや観光の合間にトライ。

甘～いグラブ・ジャムン

ハラルマークを知っておこう

豚肉などイスラム教徒の人にタブーとされている食材などを使っていない表示がHALALのマーク。ハラルには「許された もの」の意味がある。

マレーシア航空などの利用者はKLセントラル駅で搭乗手続きができる。

▶ 詳細 P.121

ヒルトンKL H

KTM LRT KLA KL SENTRAL KLセントラル

館内を通って行き来が可能

① ニュー・セントラル Start! ★

M KL SENTRAL KLセントラル

アロフト・クアラルンプール・H セントラル

KTM コミューター

LRT（クラナ・ジャヤ・ライン）

Jl. Rakyat

Jl. Tun Sambanthan

Jl. Tun Sambanthan 4

Jl. Padang Belia

Jl. Sultan Abdul Samad

Jl. Thambipillay

TUN SAMBANTHAN トゥン・サンバンザン M

レジェンド・クレイポット・ ② ブリヤニ・ハウス ★

Jl. Vivekananda

Jl. Rozario

Jl. Sultan Abdul Samad

KLモノレール

Sungai Klang クラン川

高速道路

Jl. Syed Putra

リトル・インディア （ブリックフィールズ） ③ Goal! ★

N

Lorong Chan Ah Tong

スルタン・アブドゥル・サマド通り

ブリックフィールズ

Jl. Berhala

Jl. Berhala

Jl. Berhala

0 100m

ゴー KL シティバスルート
— レッドライン
♀ バス停

AREA GUIDE **07**

KLIA（空港）周辺
Around KLIA

KLIA-A2のフードコートには屋根の張り出したテラス席があり、飛行機を眺めながら食事ができる。

三井アウトレットパーク（MOP）行きのシャトルバス

毎日8:20〜23:00の間、2台のシャトルバスがKLIA2→KLIA→MOP→KLIA2と循環運転しており、それぞれの区間は所要約10分。空港の乗降場は以下のとおり。

● **KLIA**
国内線1階（Lv.1）、2番ドア外のタクシー乗り場奥

● **KLIA2**
1階（Lv.1）外のバス乗り場Hub Bay A5

ローカル気分を満喫
地元で人気のショッピングモールとディープなスポットへ

クアラルンプール国際空港周辺には、
地元で人気の買い物スポットや
トランジットのときにも便利な
遊べるポイントが点在する。
時間があったら空港周辺を探索してみよう。

AREA NAVI

☑ 散策のヒント

帰国日は少し早めに空港に向かい、周辺で遊ぶのも手。KLIAの手荷物一時預かり所などを利用すれば身軽に動ける。

💡 何をして楽しむ？

買い物ならアウトレットモール。モータースポーツファンならレースのあるときにセパン・インターナショナルを訪れてみよう。

🚃 交通メモ

KL市内から各見どころへ向かうより、いったん空港まで行き、空港を拠点にしたほうが便いい。

▶ Map P.134-B1

1 クアラルンプール初のアウトレットモール。地元でも人気

1 店舗数は約130
三井アウトレットパーククアラルンプール国際空港セパン
Mitsui Outlet Park KLIA SEPANG

日本でおなじみのアウトレットモール。有名ブランドはもちろん、ボニアやカルロリノなど、地元で人気のローカルブランドも手に入る。

▶ Map P.134-B1

🏠 Persiaran Komersial, KLIA, Selangor Darul Ehsan
☎ (03)8777-9300 🕐 10:00〜22:00（店により異なる）
休 無休（店により異なる）Card ADJMV（店により異なる）🚌 空港から無料シャトルバス（上記参照）

2 サンダルもお手頃プライス 3 フードコートも充実 4 おみやげに人気のチョコレート 5 バッグなどもお買い得

2 巨大なコンプレックスモール
ゲートウエイ@KLIA2
Gateway @ KLIA2

LCC専用空港ターミナルKLIA2にあり、ショップや飲食店、リラクゼーション施設などが充実。マレーシア・リンギットを使い切りたいときに便利。

▶ **Map** P.134-B1

🏠 Terminal klia2, KL International Airport 📞 (03) 8775-6500 🕐 24時間 🈚 無休 💰店により異なる 🚃 KLIAエクスプレス／KLIAトランジット駅直結

昼夜を問わずたくさんの旅行客でにぎわう。H&Mなどのファッション店やオールドタウン・ホワイトコーヒーなどのレストランも多数

0 ――――― 1km

サーキットはヘルマン・ティルクが設計

3 F1グランプリも行われていた
セパン・インターナショナル・サーキット
Sepang International Circuit

1999年から2017年までF1グランプリが開催され、MotoGPなど多くの国際レースの舞台になっている。レースやイベント予定は公式サイトをチェック。

▶ **Map** P.130-B3外

🏠 Jl. Pekeliling, Kila Selangor Darul Ehsan 📞 (03) 9212-8338 🚃 レース開催中のみ国際空港からリムジンバスが運行。車の場合、KL中心街から約1時間

① 三井アウトレットパーク
③ セパン・インターナショナル・サーキット
④ サマサマ・ホテル
クアラルンプール国際空港 KLIA
チューン・ホテル KLIA2
⑤
ERL（空港鉄道）
② ゲートウエイ@KLIA2
クアラルンプール国際空港2 KLIA2

走路
ERL（空港鉄道）

客室に薄型テレビ完備、Wi-Fi無料

シャワーだけの利用もでき、RM32

4 KLIAに直結。カート送迎あり
サマサマ・ホテル
Sama Sama Hotel At The Kuala Lumpur International Airport

空港からホテルまで屋根付きのスカイブリッジで5分。雨の日もぬれずに移動できる。館内にプールあり。乗り継ぎ客専用、制限エリア内にサマサマ・エクスプレスHもある

▶ **Map** P.134-B1

🏠 Jl. CTA 4B 📞 (03) 8787-3333 💰 デラックスツイン RM690〜 🌐 www.samasamahotels.com 🚃 KLIAから徒歩約10分

5 ゲートウエイ@KLIA2に隣接
チューン・ホテル KLIA2
Tune Hotel KLIA-KLIA2

KLIA2に直結し、徒歩10分の好ロケーション。比較的新しいホテルで客室はポップにまとめられている。深夜便・早朝便利用時に便利。

▶ **Map** P.134-B1

🏠 Lot Pt 13, Jl. KLIA 2/2 📞 (03) 8787-1720 💰 RM230〜 🌐 www.tunehotels.com/malaysia-hotels/klia2/ 🚃 KLIA2から徒歩約10分

Column

マレーシアならではもぎたてパイナップル

マレーシアのパイナップルは驚くほど多種。なかでも甘さと酸味のバランスがちょうどいい人気ブランドがMD2。ここではもぎたてのMD2を使った生絞りジュースやスイーツが味わえる。

サウダガ・ナナス・アグロファーム
Saudagar Nanas Agrofarm

🏠 Lot 3000 Kg Sg Merab Luar, 43000 Kajang アグロツーリズム・ツアーの申し込みはこちら 🌐 malaysiaagrotourism.jp/

クアラルンプールのおすすめホテル

5つ星ホテルでもリーズナブルに泊まれるクアラルンプール。安宿から高級ホテルまで選択肢は幅広い。

> **Check!!**
> マレーシアではホテルやホステルなど宿泊施設全般に1泊1室当たりRM10の宿泊税を導入している。

左欄（縦書き）:
中級・高級ホテルのエレベーターはカードキーを挿入または、かざしてから自分の泊まる階のボタンを押す。カードキーがないと反応しないため、セキュリティがしっかりしている。

ブキッ・ビンタン

クアラルンプール屈指の繁華街として活気あふれるブキッ・ビンタンには、上品で豪華な高級ホテルからブティックホテル、ゲストハウスまで、さまざまなタイプが集まる。

マレーシアで最初のブティックホテル
ザ・リッツ・カールトン・クアラルンプール
The Ritz-Carlton Kuala Lumpur　★★★★★

19世紀ヨーロッパの古きよき時代の趣と、アジアの伝統が見事に調和した優雅なたたずまい。客室は広々とし、羽毛の枕にバスルームは大理石という豪華ぶり。

▶ **Map** P.133-C2
- 168, Jl. Imbi ☎(03)2142-8000
- ザ・リッツ・カールトン東京予約センター
- Free 0120-853-201
- デラックス RM810〜
- URL www.ritzcarlton.com
- MRT モノレール ブキッ・ビンタン駅から徒歩約8分

ブキッ・ビンタン通りに立つ高級ホテル
JW マリオット・ホテル・クアラルンプール
JW Marriott Hotel Kuala Lumpur　★★★★★

高級ブランド店が集まるスターヒル・ギャラリー（→P.64・70）と連結する快適ホテル。客室にはバスローブ、セーフティボックスなどが常備されている。

▶ **Map** P.133-C1
- 183, Jl. Bukit Bintang ☎(03)2715-9000
- マリオット東京予約センター
- Free 0120-142-536
- デラックス RM700〜
- URL www.marriott.com ☒MRT モノレール ブキッ・ビンタン駅から徒歩約5分

自然との共存がコンセプト
パークロイヤル・コレクション・クアラルンプール
Parkroyal Collection Kuala Lumpur　★★★★

SDGsをテーマに、ペットボトルなどプラスチック素材を極力使用せず、各部屋に浄水器を設置。観葉植物がホテル全体に飾られ、まさに都心のオアシス。

▶ **Map** P.132-B2
- Jl. Sultan Ismail, Bukit Bintang
- ☎(03)2782-8388
- アーバンデラックスRM450〜
- URL www.panpacific.com/
- MRT／モノレール ブキッ・ビンタン駅から徒歩約5分

KLCC

ブキッ・ビンタンまで徒歩圏内の好立地ながら、夜は喧騒から逃れ、静かに過ごせるエリア。ライトアップされたツイン・タワーを間近に望めるホテルも多い。

KLCCの脇に立つモダンな高級ホテル
グランド・ハイアット・クアラルンプール
Grand Hyatt Kuala Lumpur　★★★★★

空中遊歩道でパビリオンに直結する便利な立地。38階にあるパノラマレストランからは、ツイン・タワーが至近距離に見え、眼下にシティビューが広がる。

▶ **Map** P.135-C3
- 12, Jl. Pinang
- ☎(03)2182-1234
- グランドツイン RM650〜
- URL kualalumpur.grand.hyatt.com
- LRT KLCC駅から徒歩約15分

ツイン・タワーが間近に見える名門ホテル
マンダリン・オリエンタル・クアラルンプール
Mandarin Oriental Kuala Lumpur　★★★★★

ツイン・タワーの隣に立ち、KLCC公園にも近いため、中心部にありながら緑豊か。広々とした客室からは市街を一望できる。浴室に独立したシャワーブースあり。

▶ **Map** P.135-C2
- KLCC ☎(03)2380-8888
- マンダリンオリエンタル・ホテル・グループ・リザベーション・オフィス
- Free 0120-663-230
- デラックス RM700〜
- URL www.mandarinoriental.co.jp
- LRT KLCC駅から徒歩約5分

日本人ビジネスマンに人気
トレーダース・ホテル・クアラルンプール
Traders Hotel Kuala Lumpur　★★★★★

大型高級ホテルのなかでもデザインに力を入れているホテルで、内装もセンス抜群。33階のスカイ・バーからはライトアップされたツイン・タワーが楽しめる。

▶ **Map** P.135-C3
- KLCC ☎(03)2332-9888
- シャングリ・ラホテル&リゾーツ
- Free 0120-944-162
- デラックス RM560〜
- URL www.shangri-la.com
- LRT KLCC駅から徒歩約12分

ホテルの予約方法

オフィシャルサイトの予約フォームや電話で直接予約、または日本語対応のブッキングサイトを利用しても。不安があるときは、予約を代行している日本の予約事務所や旅行会社を利用しよう。

おもなホテル予約サイト

● アゴダ
URL www.agoda.com
● ブッキング・ドットコム ● エクスペディア
URL www.booking.com URL www.expedia.co.jp

KLセントラル

クアラルンプール国際空港とKLセントラル駅間は鉄道で約40分弱。帰国便に早朝便や昼の便を使う人はKLセントラルに泊まるのもいい。駅周辺には高級ホテルが集結。

一度は泊まってみたいセレブな極上ホテル
ザ・マジェスティック・ホテル・クアラルンプール
The Majestic Hotel Kuala Lumpur ★★★★★

英国植民地時代の建築物を7年かけて改装したネオクラシック様式の旧棟とモダンなタワーウイングの2棟で構成。上質なサービスでゲストを迎えてくれる。

▶Map P.137-D3
住 5,Jl.SultanHishamuddin
TEL (03)2785-8000
料 デラックス RM600〜
URL www.majestickl.com
交 KLセントラル駅から無料送迎バスで約10分

贅を尽くした最高級ホテル
セントレジス・クアラルンプール
The St. Regis Kuala Lumpur ★★★★★

セントレジスならではのバトラーサービスで知られるセレブに人気の高級ホテル。圧倒的な広さを誇る客室と、天然石を使用した贅沢なバスルームが魅力。

▶Map P.137-C3
住 No 6 Jl.Stesen Sentral2
TEL (03)2727-1111
料 デラックスRM1250〜
URL www.starwoodhotels.com
交 KLセントラル駅から徒歩約5分

アクセス抜群のKLセントラル駅に直結
ル メリディアン クアラルンプール
Le Meridien Kuala Lumpur ★★★★

アラビックでおしゃれなインテリアが優雅な空間を演出。ウオータースライダーの付いたプールもある。喧騒から離れ、極上の時間を過ごしたい人におすすめ。

▶Map P.139-C1
住 2, Jl. Stesen Sentral
TEL (03)2263-7888
メリディアンホテル予約センター
Free 0120-09-4040
料 スーペリア RM490〜
URL www.starwoodhotels.com
交 KLセントラル駅からすぐ

KLセントラル駅直結のデザイナーズホテル
アロフト・クアラルンプール・セントラル
Aloft Kuala Lumpur Sentral ★★★★

土地柄ビジネスマンの利用が多く、ロビーに誰でも利用できるプリンターを設置。フロントも対応が早い。屋上のバーからは夜空に輝くツイン・タワーが見える。

▶Map P.139-C1
住 5, Jl. Stesen Sentral. KL Sentral
TEL (03)2723-1188
料 ロフトルーム RM350〜
URL www.aloftkualalumpursentral.com
交 KLセントラル駅からすぐ

チャイナタウン

以前はバックパッカー向けの安宿の多いエリアだったが、コロナ禍で減少。また新名所のムルデカ118の新設にともない、ホテル事情は大きく変わりそうだ。

7階のロビーから見える絶景
フォー・ポインツ・バイ・シェラトン KL, チャイナタウン
Four Points by Sheraton Kuala Lumpur, Chinatown ★★★★

チャイナタウンの目抜き通りすぐ。各部屋に壁にはエリアを象徴する絵が描かれ、7階のロビーは全面総ガラスというスタイリッシュさ。バーからの夜景も美しく、遠くにKLCCも見える。

▶Map P.136-B3
住 No 2, Jl. Balai Polis TEL (03) 2035-7333
料 キングベッドRM350〜 URL www.marriot.com
交 LRT／MRT パサール・スニ駅から徒歩約10分

トゥンク・アブドゥル・ラーマン通り周辺

ゴールデン・トライアングルと呼ばれるロケーション。ブキッ・ビンタンやKLCC、ツイン・タワーへも鉄道やバスで簡単にアクセスできる。

スタイリッシュでコスパ抜群
ホテル・ストライプス・クアラルンプール
Hotel Stripes Kuala Lumpur ★★★★

ザ・ロウのそばにあり、施設面も一流のホスピタリティもマリオットグループのホテルならでは。KLタワーが見渡せるルーフトップの絶景バーも人気。

▶Map P.138-B2
住 25 Jl. Kamunting TEL (03) 2038-0000
料 デラックスRM400〜 URL www.stripeskl.com
交 LRT ダン・ワンギ駅から徒歩約10分

— LONGSTAY —

クアラルンプールでゆったり長期滞在
いつか住んでみたい町へ

高級感あふれるコンドミニアムも比較的リーズナブル（写真提供：ゼン・インターナショナル）

日本国籍の場合、90日間のビザ免除が認められているマレーシア。特にクアラルンプールは近代的な大都市でありながら、コスパよくゆったりと生活ができることから、暮らすような滞在型の旅をしたい人に人気が高い。さらには政府の推進するマレーシア・マイセカンドホーム・プログラム（MM2H）により、もっと長期間の滞在も実現できる。

MM2Hの申請代行はマレーシアにある認可された会社のみが可能。日本で取り扱っているのはそれらの代理店となる。

長期滞在者に人気の町 3

1 スバンジャヤ
Subang Jaya ▶ Map P.130-A2

大手開発会社が開発したバンダー・サンウェイ地区には、ショッピングモール、ホテル、テーマパーク、病院などが整備され、いずれも規模が大きい。地区内にはBRTと呼ばれる専用道路を走るバスが走っている。大学が多く学園都市の一面もあり日本人学校もある。

🚉 MRT／KTMスバンジャヤ駅。バンダー・サンウェイ地区を走るBRTはKTMセティアジャヤ駅とMRT USJ7駅間を結ぶ

1 古代エジプトがテーマのショッピングモール ピラミッド。玄関にはスフィンクス 2 ピラミッドは内部もきらびやか 3 サンウェイ・ラグーンは大人気のウオーターパーク 4 鉄道のように使えるバスBRTは便利 5 巨大な象が迎えるリゾートホテルもある

2 ムティアラ・ダマンサラ
Mutiara Damansara ▶ Map P.130-A1

おしゃれなショッピングモールのザ・カーブや家具のイケアなど、商業施設が充実している地区。2017年のMRTの開通により駅が新設され、交通の便もぐっと向上した。

駅前のイケアがランドマーク

🚉 MRTムティアラ・ダマンサラ駅

3 モントキアラ
Mont Kiara ▶ Map P.130-A1

高層コンドミニアムが立ち並ぶ高級住宅街。日本人駐在員が多いことから「日本人街」ともいわれる。ショッピングモールもたくさんあり、日本食材も手に入れやすい。

現在もコンドミニアム建設が続いている

🚉 地区内に鉄道駅はなくKTMミッドバレー駅あるいはプタリン駅、MRT／KTMスバンジャヤ駅などから車で約15分

※このほかに高級住宅地バンサー（→P.36）も外国人滞在者に人気が高い

\ Check! /

MM2Hとは？

最長5年間の滞在が認められ（その後も申請が許可されれば延長可）、出入国も自由なマルチプルビザ。海外移住希望者に人気が高い。詳しい条件はマレーシア政府観光局のホームページ（URL www.tourismmalaysia.or.jp）で確認できる。

現在、マレー半島とボルネオ島サラワク州のふたつのタイプのMM2Hプログラムがある。条件に違いがあり、たとえば資産証明に関しては、マレー半島のMM2HはRM150万、サラワク州のMM2Hは月額RM7000（夫婦はRM1万）。申請にはそれなりの手間と時間がかかり、条件変更は政府の意向でよくあることなので、専門の代理店に相談するのがおすすめだ。

JMマイセカンドホーム・コンサルタンシー

🏠 The Japan Club of Kuala Lumpur
📞 (03) 2273-5785 🕘 9:00～17:00
🚫 土・日曜、祝日 URL www.jmmysecondhome.com.my/

Romantic Old City
MALACCA

Sightseeing Town Walk, Historical Culture, Gourmet, Peranakan Goods, Photo Spot, Spa, Hotel, etc.

世界遺産マラッカ

マレーシアの歴史はここから始まった。
マラッカ海峡に面した貿易都市として、
植民地支配の影響も融合しながら独特の文化を形成。
歴史遺産、グルメ、ショッピング……すべてが揃う古都だ。

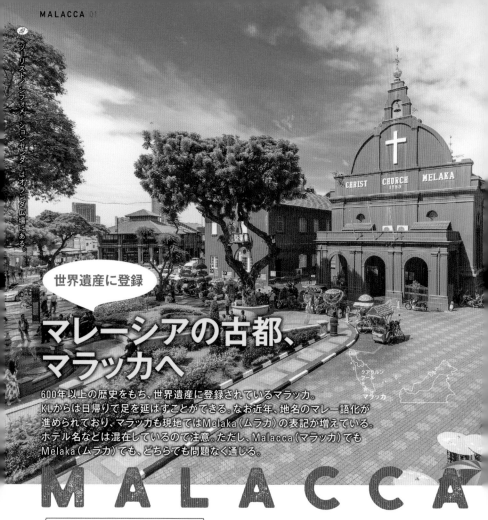

ツーリストインフォメーションセンターはオランダ広場にある。

世界遺産に登録

マレーシアの古都、マラッカへ

600年以上の歴史をもち、世界遺産に登録されているマラッカ。
KLからは日帰りで足を延ばすことができる。なお近年、地名のマレー語化が
進められており、マラッカも現地ではMelaka（ムラカ）の表記が増えている。
ホテル名などは混在しているので注意。ただし、Malacca（マラッカ）でも
Melaka（ムラカ）でも、どちらでも問題なく通じる。

クアラルンプール

マラッカ

MALACCA

マラッカってこんなところ！
MALACCA

マレー半島の西海岸南部、狭い海峡に面するマラッカは、14世紀に建国されたムラカ朝の王都として栄え、大航海時代にはヨーロッパ諸国によって激しい争奪戦が繰り広げられた。その歴史からオランダやイギリス、中国が融合した独自の文化が形成され、古都の風情を漂わせる建造物や華麗なプラナカン文化が今なお息づいている。

クアラルンプールからマラッカへの行き方

バス	TBSバスステーション（ ▶Map P.130-B2）などから運行。所要約2.5〜3.5時間、RM10〜18。
タクシー	クアラルンプール国際空港から約2時間、RM220〜250。
鉄道	マラッカ市内に駅はなく、最寄り駅のタイピンから車で約1時間。

マラッカ市内の交通

トライショー（人力車）	ふたり乗りの人力車でひと乗り（5〜10分ほど）RM25程度。1時間RM40〜50。
タクシー	メーターではなく交渉制で料金はひと乗りRM20。Grab利用がベター。

2 チャイナタウン
バ・ニョニャ文化の発信地

観光客が必ず足を運ぶのがマラッカ川の西側のこのエリア。ジョンカー・ストリートは最もにぎやかな目抜き通り。

3 ブキッ・チナ周辺
中国にゆかりの深いエリア

明の王女にゆかりのあるエリアとして知られ、小高い丘にはマレーシア最古で中国以外では最大となる華人の墓地が広がる。中国寺院や砦などの史跡も点在する。

ショップハウスが立ち並ぶ風情ある町。観光や買い物、グルメスポットも

「スルタンの井戸」に背を向けてコインを投げ、輝きながら沈んでいくと、再びマラッカを訪れることができるという言い伝えがある

ポルトガル村では名物のシーフードに舌鼓！

ブキッ・チナ周辺

チャイナタウン

3

2

1

マラッカ川

オランダ広場

マラッカ

4

ポルトガル村周辺

マラッカ海峡

N

5

マラッカ島

0　　　500m

1 オランダ広場
マラッカのシンボル的存在

スタダイスなど赤褐色のオランダ建築様式の建物が集まる広場。マラッカ観光の拠点でもある。

4 ポルトガル村周辺
ポルトガル人の末裔が暮らす

町の東に位置し、ポルトガル人の血を引く末裔の集落がある。一角にはポルトガル・スクエアと呼ばれるシーフード中心の食堂街もあり、観光客に人気。

5 マラッカ島
河口に浮かぶ人工島

マラッカ川の河口にあり、マラッカ海峡に浮かぶ水上モスクが有名。マレーシアを代表する夕日の名所としても知られ、サンセットタイムは、ひときわ美しい。

トライショーはひと乗りRM25程度。1時間RM40〜50。

マラッカ世界遺産さんぽ

トライショーで巡る

世界遺産地区に点在する見どころは、歩いても回れるが、華やかに彩られた人力車「トライショー」で巡るのが楽しい！

多くのトライショーが集まるのはオランダ広場

モデルルート

オランダ広場
↓ 約30分
チャイナタウン
↓ 約30分
セント・フランシス・ザビエル教会
↓ 約15分
スタダイス
↓ 約15分
セント・ポール教会
↓ 約15分
マラッカ・スルタン・パレス
↓ 約15分
サンチャゴ砦

\ Check! /

マラッカの歴史

マラッカ王国は1400年、マラッカに漂着したスマトラ島出身の王子・パラメスワラが建国したことに始まる。早くからイスラム教を取り入れたマラッカは、ムスリム商人の東アジア進出の拠点としておおいに繁栄。しかし、1511年にポルトガルが武力でマラッカを征服。マラッカ王国の王はマレー半島南端のジョホールに移住した。1642年には香辛料などを目当てにアジアに進出したオランダがポルトガルを追い出し、その後、1824年の英蘭協約により正式にイギリスの植民地となる。太平洋戦争中、日本に占領された歴史も経て、戦後にはマレー半島全体で独立運動が高まり、1957年、マレーシアはマラヤ連邦として独立を果たした。

1 マラッカ観光の起点

オランダ広場
Dutch Square

マラッカのシンボルともいえる広場で、1650年建造のスタダイスをはじめ、キリスト教会などオランダ様式の建物が集まる。

▶ Map P.140-A2

🚍 マラッカ・セントラル（バスターミナル）から車で約15分

2 プラナカン文化に触れる

チャイナタウン China Town

歩いて巡りたいポイントは96ページ〜に紹介。トライショーで巡るときは位置関係を把握しておこ

▶ Map P.140-A2

🏠 Chinatown 🚍 オランダ広場から徒歩約3分

Jl. Tukang Emas
ジョンカー・ストリート　Jl. Hang Jebat
ヒーレン・ストリート　Jl. Tun Tan Cheng Lock
オランダ〔
マラッカ川
Jl. Quayside

7 歴史を語る要塞の史跡

サンチャゴ砦
Porta de Santiago (A Famosa)

1511年にオランダとの戦いに備えるためポルトガル軍が建造した砦跡。地元では「ファモサ」と呼ばれる。

▶ Map P.140-B3

🏠 Jalan Parameswara, Bandar Hilir 🕐 見学自由 🈳 無休 🚍 オランダ広場から徒歩約7分

MALACCA

マラッカ 世界遺産さんぽ

1泊する人なら、こんなツアーがおすすめ

Ⓗ カサ・デル・リオの歴史探訪ツアー

マラッカ川近くの「カサ・デル・リオ」ではガイド付き歴史探訪ツアーを開催（2時間と4時間コースがあり参加費は異なる。3日前までに要予約。祝日と祝前日は不開催）。解説は英語だが、深い歴史に触れられる。 ▶ Data P.112

> 私がガイドします！

---

3 ゴシック様式が美しい
セント・フランシス・ザビエル教会
St.Francis Xavier's Church

宣教師フランシスコ・ザビエルの偉業をたたえ、1849年にフランス人神父が建立したカトリック教会。ふたつの塔をもつゴシック様式が特徴。

▶ Map P.140-B2

🏠12 Jl. Banda Kaba 🕐7:00～17:00(教会事務所) 🈳無休
💴無料 🚶オランダ広場から徒歩約4分

---

4 マラッカのシンボル
スタダイス
Stadthuys

1650年に建てられた東南アジア最古のオランダ建築。歴史博物館が併設され、館内では歴史や工芸品、民族衣装などを紹介している。

▶ Map P.140-A2

🏠Jalan Gereja, Bandar Hilir 📞(06)284-1934 🕐9:00～16:30
(金～日～20:30) 🈳無休 💴大人RM20、子供RM10
🚶オランダ広場からすぐ

---

5 ザビエルの像が立つ
セント・ポール教会
St.Paul's Church

1521年にポルトガルによって建立された教会跡。ザビエルの遺骨はここに9ヵ月間安置されたあと、インドのゴアに移送された。

▶ Map P.140-B3

🏠Gereja St. 🕐見学自由 🚶オランダ広場から徒歩約8分

---

6 古い王宮を再現
マラッカ・スルタン・パレス
Malacca Sultanate Palace

「マレー王統記(スジャラ・ムラユ)」の記述を基に復元された木造建築。内部はマラッカ文化博物館として公開されている。

▶ Map P.140-B3

🏠Jalan Kota, Bandar Hilir 📞(06)282-6526 🕐9:00～
17:30(12:15～14:45はクローズ) 🈳無休 💴大人RM
20、子供・学生RM10 🚶オランダ広場から徒歩約8分

N
0   100m

ゲストハウスの多くでレンタルサイクルを借りられる。料金はRM10程度。

プラナカン文化に触れる
チャイナタウン探訪

ツーリストでにぎわうマラッカ観光の中心が、
15〜19世紀に絢爛豪華なプラナカン文化が栄えた
チャイナタウンだ。それぞれに特徴がある
3大ストリートと見どころを徹底解剖。

1 観光客でにぎわう
ジョンカー・ストリート
(ハン・ジュバッ通り)
Jonker St. (Jl. Hang Jebat)

チャイナタウンの目抜き
通りが、ジョンカー・スト
リートの愛称で知られる
ハン・ジュバッ通り。みや
げ店や飲食店、アンティ
ークショップなどが集ま
り、週末にはナイトマー
ケットも開かれる。

▶ Map P.140-A2

(住)Jl. Hang Jebat (交)オランダ
広場から徒歩3分

カンポン・フル・モスク **5**

スリ・ポヤタ・ヴィナヤガ・ムーティ寺院 **7**

カンポン・クリン・モスク **6**

チェン・フン・テン寺院 **4**
(青雲亭)

ジョンカー・ストリート **1**
(ハン・ジュバッ通り)

3 ハーモニー・
ストリート
(トゥカン・エマス
通り)

ジオグラファーズ・
カフェ

文化坊

ヒーレン・ストリート **2**
(トゥン・タン・
チェン・ロック通り)

オランウータン・
ハウス

和記

カラー・ビーズ (娘惹鞋)

マラッカ・ハウス (鴎志堂)

ババ・ニョニャ・ヘリテージ

ジョンカー・
ギャラリー

マラッ

2 歩くだけで楽しい通り
ヒーレン・ストリート
(トゥン・タン・チェン・ロック通り)
Heeren St. (Jl. Tun Tan Cheng Lock)

ジョンカー・ストリートの1本隣にあ
る、交易で栄華を極めたババ・ニ
ョニャたちが邸宅を構えた通り。
「ヒーレン」はオランダ語でジェン
トルマンを意味し、今も立派な邸
宅が多い。

▶ Map P.140-A2

(住)Jl. Tun Tan Cheng Lock (交)オランダ広
場から徒歩約8分

チャイナタウンの \Check!/
おすすめスポット

文化坊 ……………	▶ P.107
カラー・ビーズ ……	▶ P.106
マラッカ・ハウス ……	▶ P.107
ババ・ニョニャ・ヘリテージ …………	▶ P.99

職人が作る
籐製の籠

繊細な切り絵
は中国由来

プラナカン文化に触れるチャイナタウン探訪

3 3大宗教が並ぶ
ハーモニー・ストリート
(トゥカン・エマス通り)
Harmony St. (Jl. Tukang Emas)

ジョンカー・ストリートの東に平行して走る通りがこちら。300mほどの通りにヒンドゥー、イスラム、仏教の各寺院が並ぶことから、ハーモニーの愛称がつけられている。

▶**Map** P.140-A2

住Jl. Tokong 交オランダ広場から徒歩約7分

\ Check! /

一度はのぞきたい
ジョンカー・ギャラリー

コットンや麻、シルクなどの自然素材を使ったリゾート風ファッションが人気のブティック。価格も手頃で、ファストファッション並み。男性向けのTシャツやボタンシャツもある。

▶**Map** P.140-A2

住No.11, Jl. Hang Jebat 電(06)286-9870
開10:00～18:00(土・日曜～22:00) 休無休
Card MV 交オランダ広場から徒歩約2分

4 マレーシア最古の中国寺院
チェン・フン・テン寺院
(青雲亭)
Cheng Hoon Teng Temple

1646年に中国から運んだ資材で建てられ、本堂の屋根の上に動物や人の小さな像が飾られている美しい寺院。参拝者も多く、周辺には線香の香りが漂う。

▶**Map** P.140-A2

住25, Jl. Tokong 開7:00～18:00(金・土曜、旧暦の1日と15日は～21:00)
休無休 料無料 交オランダ広場から徒歩約8分

5 マレーシア最古のイスラム寺院
カンポン・フル・モスク
Kampung Hulu Mosque

1728年に建造されたモスクで、チャイナタウンからムンシ・アブドゥッラー通りに出る途中にある。

▶**Map** P.140-A2

住Jl. Kampung Hulu 開見学自由(礼拝堂を除く) 交オランダ広場から徒歩約10分

6 創建は18世紀後半
カンポン・クリン・
モスク
Kampung Kling Mosque

チェン・フン・テン寺院の並びにあるモスクで、スマトラ様式の3層の屋根をもつ。パゴタ(仏塔)を思わせる白亜のミナレット(尖塔)やコリント様式の柱など、さまざまな建築様式が融合している。

▶**Map** P.140-A2

住17, Jl.Tukang 開見学自由(礼拝時を除く)
交オランダ広場から徒歩約6分

7 最古のヒンドゥー寺院
スリ・ポヤタ・ヴィナヤガ・
ムーティ寺院
Sri Poyyatha Vinayagar Moorthi Temple

カンポン・クリン・モスクの並びにある19世紀の初めに建てられた、マレーシア最古のヒンドゥー寺院。学門や起業、病気治癒に御利益があるといわれている。

▶**Map** P.140-A2

住5.11,Jl. Tukang Emas 開見学自由(外のみ)
交オランダ広場から徒歩約6分

マレーと中国が融合
華麗なる ババ・ニョニャ文化を知る

マラッカにはマレーと中国の文化が交ざり合って生まれたババ・ニョニャ文化が根づいている。ショップハウスを見学したり、独特の文化に触れたりしてみよう。

ババ・ニョニャ・ヘリテージの外観

ババ・ニョニャとは？

　古都マラッカを語るうえで欠かせないキーワードがババ・ニョニャ文化だ。その昔、中国本土から渡ってきた中国人男性と、地元のマレー系などの女性とが結婚して生まれた子孫のうち男性がババ、女性がニョニャと呼ばれる。彼らの生活スタイルで特徴的な点は、マレー語を話し食文化や衣服にもマレースタイルを取り入れる一方で、冠婚葬祭には中国古来の風習を忠実に守っていることだ。つまり彼らはマレー人としてイスラム教徒

になることはなく、マレー文化を取り入れた華人（中国人）と理解するべきである。よって顔立ちですぐに見分けられるというものではない。ババ・ニョニャとは、マレーと中国、ふたつの文化が融合したライフスタイルのユニークさが特徴だ。

ババ・ニョニャの歴史

　ババ・ニョニャ誕生の歴史の背景は、古く明王朝時代にまで遡る。海上交易の要衝マラッカ王国との関係強化を狙う明王朝は、皇女をマラッカ王のもとへ嫁がせた。マラッカは後にその地の利ゆえにポルトガル、オランダと続く植民地支配を受けるわけだが、こうして小さな漁村から確固たる繁栄を築いたマラッカへ、新天地を求めてやってきた中国人男性が地元のマレー人女性と結婚し、ババ・ニョニャ誕生へとつながったのだ。彼ら

初期のババ・ニョニャは後に商工業で財をなした者も少なくない。イギリス統治下では子供を宗主国へ留学させ、イギリスから取り寄せた磁器のボーン・チャイナやタイルが住まいを彩った。彼らの生活を知るならババ・ニョニャ・ヘリテージを訪れてみよう。豪華絢爛たる家具や衣装などが展示されていて興味深い。

　ビジネスで財をなしたババ・ニョニャの繁栄は、今なおその家屋に色濃く残っている。エントランスには豪華絢爛な彫刻、黒檀の調度品には螺鈿（貝殻を散りばめた模様）が施されゴージャス感が漂い、天井にはきらびやかなシャンデリア、食卓にはイギリスのボーン・チャイナで揃えたテーブルウエアが並ぶ。中国とマレー文化、さらに西洋文化がシックな色合いのもとで見事にマッチしているのが印象的だ。風水が多分に取り入れられた設計のほか、階上へつながる階

1 ババ・ニョニャ邸宅のダイニングテーブルは西洋の装いが多い 2 祭壇のあるエントランスホール 3 西洋風のステンドグラス 4 黒檀に貝殻を散りばめた壮麗な調度品 5 軒先につるされた中国提灯。絵柄も手が込んでいる 6 ホテル・プリ(→P.113)は建物自体が歴史博物館のよう 7 大きな椅子はアヘンを吸うためのものだったとされる

段には、夜の間はカギをかけたり、のぞき穴を造るなど、セキュリティの工夫も興味深い。

ショップハウスをのぞいてみよう

マラッカをはじめ、ここから移り住んだプラナカン®も多い町ペナンやシンガポールに共通して見られる町並みは、ショップハウスと呼ばれる2階建ての長屋で、その名のとおり1階はお店、2階は住居になっている。間口は狭く、ウナギの寝床状に奥へと深い。パステル調の色使いや日差しを避けるよろい戸付きの窓、ヨーロッパ風の柱などが特徴だ。暮らしの知恵とでもいうべき軒先の屋根付き通路は"5フィート通路"と呼ばれ、熱帯雨林気候の日差しとスコールから通行人を守る役割を果たしている。

ババ・ニョニャ・ヘリテージ周辺のショップハウスにはアンティークや雑貨を扱う店が入っているので、旅行者は気軽にその中をのぞくことができる。一見薄暗い店舗の奥へと歩を進めていくと、ふわっと明るい日が差す空間に出る。ここは吹き抜けの中庭で、小さな池を造ってコイを飼っている店、ハスを浮かべている店など、それぞれ趣向を凝らしている。さらに奥へと進むと、特に仕切られることなく居住スペースや職人のアトリエに出てしまうことも。

ショップハウスを巡っていて楽しいのは、ここには生活の空気が流れていることと、お店の人にあれこれ質問してみると商品だけでなくそれぞれの店のコンセプトについてもうれしそうに語ってくれることだ。

現在はプラナカンばかりでなく、独特の風情に引かれてよそから移ってきた人も多い。趣あるショップハウスが、これからも大切に維持されることを願うばかりだ。

\Check!/

プラナカンの歴史博物館
ババ・ニョニャ・ヘリテージ
The Baba Nyonya Heritage Museum

1896年に建造されたプラナカン子孫のチャン家の私邸を家宝とともに博物館として一般に公開。贅を尽くした内装や中国やイギリスの調度品など、独自の文化を垣間見ることができる。

▶ Map P.140-A2

🏠48-50, Jl. Tun Tan Cheng Lock ☎(06)282-1273 🕙10:00～17:00(最終入場16:15) 🚫月曜、中国正月 🚉オランダ広場から徒歩約10分

レストランの営業時間をチェックしよう。夜のみ営業、夕方にはクローズなど、それぞれ違っている。

歴史が育んだ味
マラッカの名物料理を食べ尽くそう

世界遺産マラッカは、グルメも世界遺産級！
珍しいグツグツ鍋から、手の込んだニョニャ料理まで。
満喫したいなら、泊まりがおすすめ。

マラッカはおいしいものであふれています！

サテー・チュルップ

Satay Celup

濃厚なピーナッツソースの鍋。具は海鮮、すり身、野菜など多種

チキンライスボール

マラッカのチキンライスは、ご飯が真ん丸。5個でだいたい茶碗1杯分

Chicken Rice Ball

B

C

サテー

香ばしい小ぶりのサテーは別添えのピーナッツソースをたっぷり付けて

Satay

D

アッサム・プダス

新鮮な魚で作る酸っぱ辛い料理。魚のだしとタマリンドの酸味が絶妙

地元の人で大にぎわい

A. 萬里香（バン・リー・シアン）

Restoran Ban Lee Siang

エビやホルモンなどを串刺しにし、グツグツと沸騰したピーナッツソースでゆでる。日々継ぎ足して作る店の特製ソースは奥深く、ハマる人が続出。

▶ **Map** P.140-A1

住41-F, Jl. Ong Kim Wee
☎012-651-5322（携帯）　営15:00〜23:00　休水曜　料串RM1.3〜
Card不可　交オランダ広場から車で約5分

一つひとつ手で握る

B. 和記鶏飯（ホーキー）

Hoe Kee Chicken Rice

1962年創業の人気店。職人が手で握るライスボールは、味がしっかりついている。さっぱりした味のキャベツを合わせるのが定番でおいしい。

▶ **Map** P.140-A2

住468, Jl. Hang Jebat
☎(06) 283-4751
営9:30〜16:30　休不定休
料2人前RM18　Card不可
交オランダ広場から徒歩約3分

小粒だから香ばしい

C. 新味香沙爹屋（サンメイヒョン）

Sun May Hiong Satay House

地元で人気の昔ながらのサテー店。小粒の肉は、鶏、ハツ、レバー、豚と種類豊富で、炭火で香ばしく焼き上げている。10串単位で注文、ミックス可。

▶ **Map** P.140-A3

住50/52 Jl. Kota Laksamana 1/1
☎(06) 281-7281
営10:00〜18:00　休火曜
料10串RM11〜　Card不可
交オランダ広場から徒歩約15分

土鍋入りの魚料理が名物

D. アッサム・プダス・クレイポット

Asam Pedas Claypot

マラッカ人が愛してやまないアッサム・プダス。店は町のいたるところにあり、ここは土鍋で提供するのが特徴。エイ、カツオなど魚の種類を選ぶ。

▶ **Map** P.140-A2

住86, Jl. Kota Laksamana 5
☎012-680-0790（携帯）
営18:00〜翌2:00　休火曜
料ご飯セットRM18〜　Card不可
交オランダ広場から車で約5分

Q&A

・マラッカ料理の特徴は？

レモングラスなどフレッシュなハーブを使い、新鮮な海の幸を多用。また、グラ・ムラカと呼ばれる深みのある黒砂糖が隠し味になっている。

・ニョニャ料理とは？

「プラナカン」と呼ばれる民族が育んだ食文化。それぞれの家で大事に受け継がれてきた家庭料理で、もともとは門外不出のレシピ。

・どこで食べる？

ずばり、どこで食べてもおいしいのがマラッカの特徴。特に地元の人が集まっていれば、店構えを問わず、おいしい料理を提供。気軽にトライしてみよう。

ニョニャ料理の代表メニュー

ココナッツミルクをベースに、さわやかな酸味や香りをアクセントに加えるなど、"複雑"とも表現される味の奥行きが特徴。春巻きなどの前菜からカレー、煮込み、デザートなど、その種類は驚くほど多岐にわたる。

ニョニャ・ポピア
Nyonya Popiah

薄焼きにした皮でさまざまな具を巻いた"太巻き"。切り干し大根に似たバンクアンの煮物が欠かせない。

ニョニャ・ラクサ
Nyonya Laksa

辛さ控えめのココナッツ麺。エビだしのスープをベースに、レモングラスなどのハーブを加えてある。

エビとパイナップル煮
Masak Lemak Udang Nanas

唐辛子の辛味、パイナップルの甘酸っぱさ、そこにココナッツミルクのまろやかさが加わった魅惑の味。

オタオタ
Otak Otak

スパイスやココナッツミルクを練り込んだ魚のすり身。ふっくら蒸し上げた贅沢な味。

チキンカレー
Ayam Curry

ココナッツミルク入りでマイルドな味。コブミカンの葉など、さわやかなハーブの香りが効いている。

ブア・クルアは、数日水に浸し、毒を抜く下処理をする

ブア・クルアの鶏煮込み
Ayam Buah Keluak

マングローブの木の実、ブア・クルアを使った煮込み料理。硬い殻の中の実はえも言われぬ独特な味。

菓子やちまきも販売

ナンシーキッチン
Nancy's Kitchen

地元の人から西洋人まで、あらゆる人々を惹きつける名店。看板メニューは大きなポピア。ニョニャ・ラクサ、ブア・クルアの鶏煮込みも名物。

▶Map P.139-C2

🏠13〜13-2, Jl. KL 3/8,Taman Kota Laksamana, Seksyen 3 ☎(06)283-6099 🕐11:00〜17:00(金・土曜、祝日〜15:30,17:00〜21:00) 休火曜 料メインRM16〜 CardVM 交オランダ広場から車で約5分

ジョンカー通り近くの人気店

コチッ・ヘリテージ
Kocik Heritage

ニョニャの店主が家族のレシピでもてなしてくれる。しっかり辛く、深みのある味のおかずが多い。ビーズサンダルの名店「Jマニック」の姉妹店。

▶Map P.140-A2

🏠100, Jl. Tun Tan Cheng Lock ☎011-1171-4931(携帯) 🕐11:00〜19:00(金・土・日曜〜17:00, 18:00〜21:00) 休火曜 料メインRM28〜 CardMV 交オランダ広場から徒歩約5分

パイナップル・タルトは日持ちするので、日本までのおみやげにできる。ただ、崩れやすいので、頑丈にパックしてあるものを選ぼう。

A クエ・ケリア
Kuih Keria
サツマイモのドーナツ。周りの結晶化した砂糖がサクサクした食感で美味。RM0.60

B オンデオンデ
Onde Onde
黒蜜入りの軟らかい団子。白いのはココナッツ。RM6.20（10個）

A クエバカール
Kuih Bakar
しっとり食感の焼き菓子。パンダンリーフとココナッツミルクの香りが濃厚。RM1

B ルンパ・ウダン
Rempah Udang
エビフレーク入りのちまき。青はニョニャ料理の印。RM1.50

B クエ・ダダール
Kuih Dadar
甘いココナッツ餡をしっとり食感の生地で巻いて。RM1.50

ココナッツがぎっしり

B アンクー・クエ
Angku Kuih
亀の甲羅をかたどった祝い菓子。もっちり皮の中に甘い豆餡。RM1.50

もっちり食感から、ひんやりスイーツまで多種！
マラッカの魅惑のお菓子

現地でしか出合えない味がある。
それが、フレッシュな食材を使い、作りたてを食べる生菓子。
きっと、またここに来たくなる味だ。

パイナップル・タルト
Pinapple Tart
ほのかなスパイスの香りが大人向け。RM19（20個入り）
ナンシーキッチン ▶Data P.101

C チェンドル
Cendol
黒蜜とココナッツミルクのかき氷。緑豆ゼリーが必須。RM6

B クエ・ラピス
Kuih Lapis
食感は日本のういろう。ココナッツミルクのまろやかな味。RM1.50

╲ マラッカ菓子に欠かせないもの ╱

その1 青い色
バタフライピーという青い花から抽出した色。無味無臭なので味に影響はない。もともとは、ブラナカン家庭の特別な日に作られた料理の印だった、とか。

その2 グラ・ムラカ
椰子の木から採取した黒砂糖のこと。甘さのなかに、醤油に近いような深いコクがある。溶かしたものを竹筒で固めるので円柱型。

A 地元の人が集まる店
アッサム・プダス・アパッ
Asam Pedas Apak
ひと口サイズのおやつが店頭に多種並んでいて、1個ずつから購入できる。すり身揚げ、ナシレマッ、アッサムプダスなどの食事も充実している。
▶Map P.139-D2
🏠202, Jl. Ujong Pasir
📞012-397-9870（携帯）開9:30〜18:00 休火曜
料菓子RM1〜、軽食RM5〜 Card不可
🚗オランダ広場から車で約10分

B カフェ併設の菓子店
ババ・チャーリー・カフェ
Baba Charlie Cafe
菓子工房「ババ・チャーリー」が経営するカフェ。その日の朝、工房で作られた菓子を食べられる。売り切れ御免なので午前中に訪問しよう。
▶Map P.139-C2
🏠631, Jl. Siantan, Taman Siantan Seksyen 2
📞019-666-2907（携帯）開9:00〜19:00 休木曜
料菓子RM1.5〜、コーヒーRM3 Card VM 🚗オランダ広場から車で約5分

C 地元の人が通う穴場
クリスティナ・イー
Christina Ee
みやげ物が並ぶ店の奥で、ひっそりとチェンドルを提供。ココナッツミルクとグラ・ムラカの深い香り。ふわふわの氷の中には小豆もたっぷり。
▶Map P.140-A2
🏠29, Jl. Hang Lekir 📞(06) 281-1023
開9:30〜18:00 休祝日 料チェンドルRM6、ドリアンチェンドルRM12〜 Card VM
🚗オランダ広場から徒歩約5分

西洋と東洋の融合
クリンスタン式のアフタヌーンティー

ポルトガルの流れをくむクリスタン料理は、マラッカ伝統料理のひとつ。英国式のスコーンやサンドイッチに加え、ポルトガル式のエッグタルト、もち米とカヤジャムを合わせる伝統菓子、カレー味の揚げ物も提供。マラッカのホテルならではのメニュー構成で人気。

·····

ザ・ラウンジ・アット・ザ・マンション *The Lounge At The Mansion*

▶Map P.140-B1

住Hザ・マジェスティック・マラッカ(→P.112) TEL(06) 289-8000
開15:00~18:00 休無休 料アフタヌーンティーRM75 CardVM
交オランダ広場から車で約10分

マラッカの文化を後世につないでいきます!

マラッカの歴史を
食や工芸品で体感

急激な観光地化にともない失われつつあるマラッカの豊かな文化を守ろう、と活動をするコミュニティ。イベント開催のほか、ニョニャ料理の提供やおみやげ向き工芸品の販売を行っている。特に1970年創業のニョニャ料理店「Donald and Lily」によるニョニャ・ラクサは絶品。

·····

バンダーハリ *The Bendahari*

▶Map P.140-B1

住Lot 147-149, Jl. Bendahara
開10:00~17:00(木・金・土曜) 休日~水曜
交オランダ広場から徒歩約13分

人々の暮らしを知る

体験型スポットinマラッカ

マラッカの歴史を反映した味や体験、現地の人と触れ合える場所。奥深い魅力にどんどんハマってしまいそう。

クバヤをレンタルして町歩き

民族衣装のニョニャクバヤとバティックサロンのレンタルができる。レース刺繍がカラフルなクバヤは華やかな装いで、写真撮影がグッと楽しくなる。料金は、3時間のレンタル(トップとボトム)でRM50程度。ビーズサンダルのレンタルやメイク、写真撮影付きのプランもある。

·····

リトル・ニョニャ・マラッカ *Little Nyonya Melaka*

▶Map P.140-A2

住9, Lorong Hang Jebat TEL011-1854-3868(携帯)
開10:30~18:30 休無休 交オランダ広場から徒歩約5分

週末限定の夜市を散歩

地元の人に交じって、週末に開催されている夜市を楽しもう。マラッカグルメを食べ歩いたり、公開カラオケを見学したり。のんびり流れる時間に身を任せて、マレーシア人と同じ目線で町を見ることこそ、旅のよい思い出となる。

·····

ジョンカー・ストリートの夜市 *Jonker Street Pasar Malam*

▶Map P.140-A2

住Jl. Hang Jebat(通称ジョンカー通り)
開金~日曜限定。18:30頃から徐々に屋台が出始める。終了時はまちまち Card不可(店による) 交オランダ広場から徒歩約3分

ハレの日の衣装なのでとてもカラフル!

（水仙）」は、野菜で作るマレーシア料理の名店

オンデオンデ味のケーキが絶品
デイリー・フィックス・カフェ
The Daily Fix Cafe

目抜き通りにある人気のカフェ。エアウェルと呼ばれる光が差し込む空間、その奥にあたたかな明かりのテーブル席も。パンケーキやパスタなど西洋料理中心で、マラッカ味を取り入れたケーキも美味。

▶ **Map** P.140-A2

🏠55, Jl. Hang Jebat
📞013-290-6855（携帯）
🕘9:45～17:30（土・日曜8:45～）　休無休
🚇オランダ広場から徒歩約10分

1 週末は朝9時から満席 2 しっとりスポンジは2ジューシーなパテが美...パンダンフレーバー。椰子砂糖とココナッツがアクセントのオンデオンデ・ケーキRM16 3 椰子砂糖とバター入り珈琲RM13

世界遺産の町でまったり過ごす
マラッカのくつろぎカフェ

西洋と東洋の文化が混在する独特な町マラッカは、カフェも個性派揃い。ひとりでも立ち寄れて、ゆっくりできるカフェをご紹介。

独特の建築様式にうっとり
バブーンハウス
The Baboon House

由緒あるプラナカン屋敷を改装したカフェで、入口からは想像できない奥に長い建築様式。それぞれの部屋で印象がガラリと違う、センスのいい空間設計も見事。ハンバーガーやサラダなどのカフェメニューを提供。

▶ **Map** P.140-A2

🏠No.89, Jl. Tun Tan Cheng Lock
📞012-639-7516（携帯）
🕘10:00～17:00
休火曜
🚇オランダ広場から徒歩約10分

1 屋敷の中庭部分は明るいテーブル席に 2 ジューシーなパテが美味なビーフバーガーRM23 3 甘い漢方ドリンク、ローハンコーRM10

Column

ブックカフェで豆腐のおやつ
なめらか食感の豆腐に、生姜シロップをかけて食べる素朴なおやつを販売。以前はトフ通りにあったが、現在はその近くの古本カフェの軒先に間借りしている。

トフ・ストリート・ソヤビーン
Tofu Street Soya Bean

▶ **Map** P.140-A2

🏠45, Jl. Kampung Pantai　🕘11:30～17:00
休水曜　🍴豆腐花RM4～　Card不可　🚇オランダ広場から徒歩約10分

豆腐花や豆腐は店内の席で食べられる

マラッカのくつろぎカフェ

ひとりでも訪問しやすい
ワイルド・コリアンダー
Wild Coriander

オーナーの描いた絵やレトロな花柄のトレイで彩られたおしゃれな店内。料理はラクサやパイティなどマラッカ名物が並び、看板メニューは牛肉を煮込んだビーフルンダンと4色のカラフルご飯プレート。

▶Map P.140-A2

住No. 40, Jl Kampung Pantai 電012-380-7211 (携帯)
営15:00〜22:00 休水曜
交オランダ広場から徒歩約10分

1 奥に長いショップハウスの構造 2 オーナーのカラフルな絵が店内を彩る 3 ほろほろに煮込まれたビーフルンダンはご飯によく合う。RM26.90

13州の珈琲を提供
カランテ・アート・カフェ
Calanthe Art Cafe

マレーシア全13州の珈琲が飲める貴重なカフェ。サテー、ラクサ、スイーツなどの食事も充実している。また、カラフルなマーブル模様のテーブル、壁に描かれたアートなど、おしゃれなアート空間としても楽しめる。

▶Map P.140-A2

住11, Jl. Hang Kasturi 電(06) 292-2960
営9:00〜22:30 休木曜
料メインRM14〜、コーヒーRM5〜 Card VM
交オランダ広場から徒歩約5分

1 チキンサテーRM16.80 2 全13州の珈琲バッグがひとつずつ入ったギフトボックスRM34.90

ジョンカー通りに近い路地にある

珈琲好きが集まる店

人気のカランテ・カフェのオーナーが新しくオープン。マレーシア産の珈琲豆を西洋式のハンドドリップで味わえる。地元アーティストの支援も兼ね、おみやげにぴったりな雑貨も販売している

珈琲豆の殻のフルーツティー、カスカラも味わえる。

Column

カランテ・アーティサン・ロフト
Calanthe Artisan Loft

▶Map P.140-A2

住No.16, Jl Tun Tan Cheng Lock
電019-355-9829 (携帯)
営10:00〜17:00 休木曜
交オランダ広場から徒歩約10分

マラッカならではの

プラナカン雑貨&

ビーズサンダルの名店「Jマニック」。デザインの豊富さはマラッカ随一。

オープントゥの
サンダルRM309〜

本革の優しい
履き心地RM450〜

伝統的な花モチーフ
RM399〜

ビーズサンダル

手作業でビーズ刺繍を施す、カラフルで美しいサンダル。モチーフは縁起物が多い

\Check!/

小さいものは
RM50〜

ニョニャバスケット

昔は婚礼の贈り物を入れていた竹製のバスケット。最近ではお菓子入れなどに人気

ショップハウスを立体的に
表現した壁飾りRM100

タイル

マラッカの人気みやげが陶器のタイル。色使いのかわいさがプラナカンならでは

プラナカンが
好むブルー一色の
タイルRM25

希少なアンティーク
タイルRM300

ビーズ刺繍の見学ができる

店内撮影は不可だが、ビーズ刺繍の様子を見学できる。「ビーズが細かいほど美しい柄になり、そのぶん工数がかかります。1足で1ヵ月以上かかるものも多数」と店主のリムさん。

T.S.リム・トレーディング
T.S.Lim Trading
▶ Map P.140-A2

住63, Jl. Tokong
電016-618-6989
開10:00〜17:00 休無休 CardMV
交オランダ広場から徒歩約15分

A ビーズシューズ店
カラー・ビーズ（娘惹鞋）
Colour Beads

ビーズシューズ作りの繊細な技術を両親から受け継いだオーナーはこの道30年以上。商品はすべてハンドメイド。

▶ Map P.140-A2

住84, Jl. Tun Tan Cheng Lock
電012-681-1817（携帯）開9:00〜16:00 休中国正月 CardJMV 交オランダ広場から徒歩約7分

B 世界のセレブが顧客
ワー・アイク・シューメーカー
Wah Aik Shoemaker

店主は100年以上続くビーズ職人一族の3代目。ビーズ刺繍の美しさはもちろん、本革の優しい履き心地も人気。

▶ Map P.140-A2

住92, Jl. Tun Tan Cheng Lock
電(06) 284-9726 開9:00〜17:00
休中国正月 Card不可 交オランダ広場から徒歩約13分

C プラナカン食器が充実
アンティーク&キュリオス
Antiques & Curios

多数の骨董品やプラナカン食器のレプリカを販売。レプリカといっても手描きなので、繊細な柄が見事。華やかな色も目を引く。

▶ Map P.140-A2

住25, Jl. Hang Jebat
電(06) 284-1860 開10:00〜17:00
休水曜 CardMV 交オランダ広場から徒歩約5分

D 1960年創業の老舗
タッ・ヒン・カンパニー
Tak Hin Company

地元の人がひっきりなしに訪れるニョニャバスケットの専門店。婚礼用のめでたい装飾品や日用雑貨も扱う。

▶ Map P.140-A2

住72, Jl. Kampung Pantai
電(06) 283-2390 開9:30〜17:30、日曜11:00〜15:00 休無休 Card不可 交オランダ広場から徒歩約10分

アート作品

プラナカン文化発祥の地マラッカは、華やかでデザイン性の高いアーティスト作品やかわいいプラナカン雑貨の天国。ショッピングを楽しもう。

Column

骨董品が並ぶ、まるで博物館

タイル、食器、陶器などがところ狭しと並ぶ有名な骨董品店。家具、壺など大型の物もあり、一点物を求めて買いに来る常連客が多い。店主のマリアムさんに気軽に相談してみよう。

アブドゥル・アンティーク Abdul Antiques

▶ Map P.140-A2

住No. 93, Jl. Tun Tan Cheng Lock 電016-666-3476(携帯) 時10:00～17:00(土・日曜11:00～) 休無休 CardMV 交オランダ広場から徒歩約15分

ニョニャクバヤ

「着る宝石」と称されるプラナカンの伝統衣装。ビーズサンダルと好相性

プラナカン食器はRM180～RM450アンティークはさらに高級

C

プラナカン食器

中国伝統の絵柄とパステルカラーがかわいい。アンティークからレプリカまでいろいろ

Tシャツ各RM40

H

デザインTシャツ

マラッカ出身の芸術家によるマレーシアの食や文化をモチーフにしたデザインが人気

E

刺繍入りのブラウス、クバヤはRM300～1200

E クバヤがずらり
文化坊
Sixty 3 Heritage

店内には美しい刺繍を施したクバヤやバティック布地のサロンが並ぶ。ババ・ニョニャ伝統のランチボックスもある。

▶ Map P.140-A2

住No.63 Jl. Tun Tan Cheng Lock 電(06)282-6222 時9:00～17:00 休火曜 CardMV 交オランダ広場から徒歩約6分

F 博物館のようなショップ
マラッカ・ハウス(鵬志堂)
Malaqa House

築約170年の邸宅を利用したアンティークショップ。かわいいタイルRM10が入場料替わりで、旅の思い出になる。

▶ Map P.140-A2

住70, Jl. Tun Tan Cheng Lock 電(06)281-4770 時10:00～18:00 休火曜 CardMV 交オランダ広場から徒歩約6分

G タイルのコレクションは必見
テンプル・ストリート・アート・アンド・クラフト
Temple Street Arts & Crafts

マラッカをモチーフにした絵画や壁飾りが並ぶ。店主ハウさんが収集したタイルのコレクションが店内に飾られている。

▶ Map P.140-A2

住13, Jl. Tokong 電016-276-7895(携帯) 時10:00～17:00 休水曜 CardMV 交オランダ広場から徒歩約6分

H アートなTシャツが人気
オランウータン・ハウス
The Orangutan House

マラッカ出身のアーティスト、チャールズ・チャム氏のアトリエ兼ショップ。外壁のオランウータンのペイントが目印。

▶ Map P.140-A2

住No.59 Lorong Hang Jebat 電(06)282-6872 時11:00～18:00(土・日10:00～) 休無休 CardMV 交オランダ広場から徒歩約4分

ショップハウスにはオランダ様式、中国様式、英国植民地後期様式があり、見ているだけも楽しい。

01 目抜き通り

週末は特に観光客でにぎわうジョンカー・ストリート ▶ P.96

ここにしかない感動ポ

フォトジェニックなマラ

撮りたい場所がいっぱい！

さまざまな国の影響を受け、独特の小さな町だが、どこを撮ってもフォトインスタ映え写真を楽しもう。

03 切り絵

チャイナ風のペーパークラフト。アート作品のよう

04 トライショー

思いおもいにデコられたトライショーでマラッカ観光 ▶ P.94

05 リバーサイド・プロムナード

マラッカ川をクルーズして、古都を楽しむツアーも ▶ P.114

09 ショップハウス

1階が店舗、2階が住居になっているショップハウス ▶ P.99

10 ニョニャスイーツ

緑のゼリーがインパクト大！ ココナッツミルクのかき氷「チェンドル」

11 アンティーク

マラッカ川から見つかった昔の陶器で作られたアクセサリー

15 英国式ショップハウス

装飾が美しい英国植民地後期様式のショップハウス ▶ P.99

16 I LOVE Melaka

オランダ広場の記念撮影スポット、I Love Melakaのオブジェ

17 カンポン・クリン・モスク

美しい装飾が施されたカンポン・クリン・モスク内部 ▶ P.97

イントをピックアップ！

ッカ撮影スポット20

文化を形成したマラッカ。
ジェニック。そぞろ歩きしながら

おやつも
カラフルで
かわいい

02 オランダ広場の時計台

オランダ広場 ▶ P.94 の時計台
は歴史を物語る建物

06 夕暮れ時の水上モスク

水上モスク「マラッカ・ストレイツ・
モスク」 ▶ Map P.139-D2外

07 代々続く職人の店

職人が店先で作業をする光景に
出合えることも

08 プラナカン風雑貨

ジョンカー・ストリート ▶ P.96 では
プチプラ雑貨も見つかる

12 プラナカン伝統菓子

カラフルでかわいいプラナカンの
伝統菓子、ニョニャ・クエ

13 パイティ

パイティはニョニャ料理の前菜の
ひとつ。見た目がフォトジェニック

14 ビーズサンダル

マレー語で「カス・マネ」と呼ばれ
る繊細で精緻な伝統工芸品

18 チェン・フン・テン寺院

1646年に中国から運んだ資材で
建てられた寺院 ▶ P.97

19 タイル

建物の装飾に使われているマジ
ョリカタイル。日本製もあるそう

20 ファイブフットウェイ

日よけ、雨よけのための歩廊。南
国の知恵で幅が約5フィートある

スパ・ビレッジ・マラッカは5つ星ホテル内にある高級スパだが、価格は日本より手頃。

プラナカン式を体験♥

極上スパで癒やし時間

マレーシア発のスパ・ブランドとして国内各地に展開するスパ・ビレッジ。ここマラッカのスパ・ビレッジではプラナカンをコンセプトにした伝統的なトリートメントを体験したい。

**おすすめ
スパ
Menu**

プラナカン尽くしのメニュー

スパ・ビレッジ・マラッカ
Spa Village Malacca

プラナカン女性が婚礼の際に受けた伝統儀式と同じ、ライム果汁によるヘアトリートメントからスタート。東西貿易で栄えたマラッカらしく、トリートメントではハーブやスパイスのほか、地元素材が取り入れられている。フェイシャルから頭皮、ネイルケアまでメニューは多彩。

▶ **Map** P.140-B1

🏠**H** The Majestic Malacca（→P.112）
📞018-642-9774（携帯）🕐11:00〜19:00（トリートメントは18:00まで）🈵無休
🚗オランダ広場から車で約5分

プラナカン・シグニチャー・エクスペリエンス
Suam-Suam Panas Experience(Warming)
（3時間）RM1170（2名分）
Shiok-Shiok Sejuk Experience(Cooling)
（3時間）RM1170（2名分）

アラカルト
Campur-Campur
（100分）RM470
Lapis-Lapis（Malay Herbal Wrap）
（50分）RM235

フェイシャル
Bird's Nest Facial With Star Fruit Mask(Cooling)
（50分）RM235

プラナカンの癒やしの哲学に基づき、体を内から温め、心身をほぐす。ツバメの巣を使った美肌フェイシャルも。

プラナカンのクーリングマッサージでデトックス&ほてりを鎮める。ツバメの巣を使った美肌フェイシャルあり。

マレーとタイのマッサージを融合させた独自のトリートメント。レモングラスとパンダナスの香りに癒やされる。

レモングラスやジンジャーなどを使ってデトックスを促し、むくみのほか、関節や筋肉の痛みにアプローチ。

ツバメの巣とスターフルーツを組み合わせた、プラナカン伝統の贅沢なフェイシャルマスクでアンチエイジング。

1 プラナカンならではのヘアトリートメント 2・3 トリートメントルームもプラナカンの香りがたっぷり 4 ナツメグやパームシュガー、レモングラス、ジンジャーなど、マラッカならではの素材が中心 5 贅沢なひとときを過ごせるスパ・スイート

プラナカン・マッサージの心得

スパ・ビレッジ・マラッカのスタイリッシュなレセプション

予約
スパ・ビレッジ・マラッカはザ・マジェスティック・マラッカ・ホテル内にある。できれば2〜3日前に電話またはメールで予約を。spavillagem@ytlhotels.com.my

注意
心臓病などの持病がある人、病気やけがなどの治療中の人、妊娠している人は施術方法が体調に合わないことがあるので事前に相談を。スパ・ビレッジ・マラッカで施術を受けられるのは16歳以上。

マナー
遅刻はNG。キャンセルまたは時間を変更したい場合は予約時間の4時間前までに連絡を入れよう。連絡がない場合、キャンセル料が発生する。スパ内では携帯電話、スマホの電源をオフに。

日帰りで訪れる人が多いマラッカだが、世界遺産の町を堪能するなら宿泊がおすすめ。週末のオランダ広場周辺は夜もにぎわう。

マラッカのおすすめホテル

マラッカでの宿泊は観光の中心地チャイナタウンやオランダ広場周辺が便利。おすすめをピックアップ。

> **Check!!**
> マラッカのホテルに宿泊する場合、世界遺産税として1名1泊当たりRM2と、観光税の1室1泊当たりRM10が宿泊料金に加算され、チェックアウト時に支払う必要がある。

マラッカ市内

マラッカの見どころはオランダ広場を中心とした狭いエリアに集まる。観光やグルメを満喫するならオランダ広場に近い立地が便利。市内には高級ホテルから安宿まで揃う。

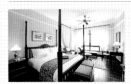

ノスタルジック&モダンの高級ホテル

ザ・マジェスティック・マラッカ

The Majestic Malacca

★★★★★

1929年築の邸宅を改装、客室棟を新たに建造したマラッカ随一のホテル。客室からはマラッカ川と旧市街が一望でき、コロニアル調のインテリアが優雅さを演出。

▶Map P.140-B1

住 188, Jl. Bunga Raya
TEL (06) 289-8000
TEL (03) 2783-1000 問 YTLトラベルセンター 料 デラックス RM550～
URL www.majesticmalacca.com
交 オランダ広場から車で約5分

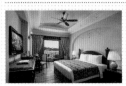

マラッカ川のほとりにたたずむリゾート

カサ・デル・リオ

Casa del Rio

★★★★★

開放的なスパニッシュスタイルを取り入れたリバーサイドホテル。ロケーションが抜群で、客室はプラナカン文化が融合したエレガントなインテリアで統一。

▶Map P.140-A2

住 88, Jl.kota Laksamana
TEL (06) 289-6888
料 デラックス RM600～
URL www.casadelrio-melaka.com
交 オランダ広場から徒歩約5分

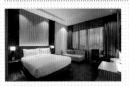

スタイリッシュなホテル

コートヤード・バイ・マリオット・マラッカ

Courtyard by Marriott Melaka

★★★★

セント・ピーター教会に近く、マラッカ中心地へも徒歩圏内。スタイリッシュなバーやプール、ランドリーがあるので、長期滞在でも快適に楽しめる。

▶Map P.140-B1

住 Jl. Lorong Haji Bachee, Kampung Bukit China
TEL (06) 221-2288
料 ゲストルーム(キング)RM350～
URL www.marriott.com/en-us/hotels/mkzcy-courtyard-melaka
交 オランダ広場から徒歩約20分

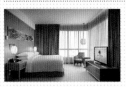

海沿いにあるホテル

ダブルツリー・バイ・ヒルトン・マラッカ

DoubleTree by Hilton Melaka

★★★★

インフィニティ・プールの脇で本格イタリアンが味わえるなど、ホテル滞在を楽しみたい人に最適。ファミリー向けのキッズクラブやサウナの施設もある。

▶Map P.139-D2

住 Hatten City, Jl Melaka Raya 23
TEL (06) 222-3333
料 ゲストルーム(ツイン)RM320～
URL www.hilton.com/en/hotels/mkzmmdi-doubletree-melaka/
交 オランダ広場から車で約10分

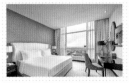

マラッカ海峡に近いリゾートホテル

ハッテン・ホテル・マラッカ

Hatten Hotel Melaka

★★★★

Ⓢマコタ・パレード隣にある大型ホテル。オランダ広場まで徒歩圏内で、町歩きとリゾートステイの両方が楽しめる。家族連れやビジネスマンの利用が多い。

▶Map P.140-B3

住 Jl. Merdeka, Bandar Hilir
TEL (06) 286-9696
料 ジュニアスイートRM273～
URL www.hattenhotel.com/
交 オランダ広場から徒歩約15分

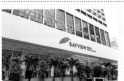

ビジネスマンにおすすめ

ベイビュー・ホテル・マラッカ

Bayview Hotel Melaka

★★★

広々としたロビーは居心地抜群。客室の天井の高さと広さはゆったりとした造りで快適。建物の古さはあるが、部屋の広さと立地を考えるとコスパ抜群。

▶Map P.140-B1

住 Jl. Bendahara
TEL (06) 283-9888
料 スーペリア RM135～
URL www.bayviewhotels.com
交 オランダ広場から徒歩15分

ホテルの予約方法

オフィシャルサイトやインターネットの宿泊予約サイト、または日本語対応のブッキングサイトを利用しよう。agodaなどの予約サイトは、スマホのアプリ内で予約から決済までできて便利。チェックイン時はフロントで予約IDを見せればOK。

ホテル予約サイト

● 地球の歩き方海外ホテル予約サイト
URL hotel.arukikata.com
● ブッキング・ドットコム　● エクスペディア
URL www.booking.com　URL www.expedia.co.jp

伝統家屋の趣あるホテル
アアヴァ・マラッカ
Aava Malacca
★★★

マラッカ川沿いにあるブティックホテル。3つのショップハウスを改装して造られたホテルで、瀟洒なロビーや天窓のあるレストランに、その面影が残っている。

▶ Map P.140-A2
🏠 12 Jl. Kampung Hulu
☎ (06)288-3977
💰 クラシックルームRM140〜
URL aavamalaccahotel.com/
🚶 オランダ広場から徒歩約10分

チャイナタウン

マラッカ川の西側に広がる旧市街エリアで、観光に便利な立地。近代的なホテルとはひと味違う、マラッカならではのプラナカン様式のヘリテージホテルに泊まることができる。

プラナカン建築のホテル
ヒーレン・パーム・スイーツ
Heeren Palm Suites
★★★★

元プラナカン屋敷をホテルに改造。アンティークの調度品、タイルの飾り、日の差し込む中庭の造形がすばらしい。全室スイートで、しゃれた装飾で彩られている。

▶ Map P.140-A2
🏠 No.155, Jl. Tun Tan Cheng Lock
☎ (06)282-8155
💰 ジュニアスイートRM420〜
URL heerenpalmsuites.com
🚶 オランダ広場から徒歩約10分

プラナカン文化を体感
ホテル・プリ
Hotel Puri
★★★

ショップハウスをリノベして造られたホテルで、チャイナタウンのホテルのなかでもとりわけ趣があるのがここ。客室はやや小さめだが、料金はリーズナブル。

▶ Map P.140-A2
🏠 118, Jl. Tun Tan Cheng Lock
☎ (06)282-5588
💰 スタンダードRM240〜
URL hotelpuri.com
🚶 オランダ広場から徒歩約8分

立地抜群でくつろぎの空間
ババ・ハウス
Baba House
★★★

数年前に全面改装し、おしゃれなプラナカン式のホテルに。タイルで彩られたロビーなど装飾が美しく、ルーフトップバーやライブラリーなど施設も充実。

▶ Map P.140-A2
🏠 121-127, Jl. Tun Tan Cheng Lock
☎ (06)280-6888
💰 キングベッドRM300〜
URL www.babahouse.com.my
🚶 オランダ広場から徒歩約10分

リピーターに人気の宿
ラヤン・ラヤン・ゲストハウス
Layang Layang Guest House
★

昔の家屋を改装したゲストハウス。インテリアなどにオーナーのセンスが感じられ、管理も行き届いている。トイレ、シャワーは共同。立地は抜群。

▶ Map P.140-A2
🏠 24〜26, Jl. Tukang Besi
☎ (06)292-2722
💰 スタンダードRM80〜
🚶 オランダ広場から徒歩約10分

郊外

観光の中心地からは少し離れているものの、郊外にもホテルが点在する。といっても、オランダ広場まで徒歩15分程度で行けるホテルが大半。高級ホテルなら中心地までシャトルバスを運行しているところもある。

プール付きのシティホテル
ホリデイ・イン・マラッカ
Holiday Inn Melaka
★★★★

マラッカ海峡に沈む夕日を屋外プールから眺めることができる好ロケーション。オランダ広場、チャイナタウンなど観光スポットへも10分ほどの徒歩圏内。

▶ Map P.139-C2
🏠 Jl. Syed Abdul Aziz
☎ (06)285-9000
💰 キングスタンダードRM315〜
URL melaka.holidayinn.com
🚶 オランダ広場から徒歩約20分

— RIVER CRUISE —

MELAKA RIVER CRUISE

マラッカに1泊する予定なら、ナイト・クルージングがおすすめ。ライトアップされた幻想的な町並みを楽しめる。

古都マラッカの史跡を船から楽しむ
リバークルーズでひと巡り

マラッカの町を流れるマラッカ川の名物がリバー・クルーズ。
両岸に点在する美しい町並みとマラッカの歴史を水上から楽しもう。

ROUTE MAP

リバークルーズ乗り場
ザ・マジェスティック・マラッカ
マラッカ川
カンポン・クリン・モスク
チェン・フン・テン寺
ジョンカー・ストリート
リバー・クルーズ乗り場
スタダイス

0　　200m

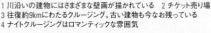

1 川沿いの建物にはさまざまな壁画が描かれている　2 チケット売り場
3 往復約9kmにわたるクルージング。古い建物も今なお残っている
4 ナイトクルージングはロマンティックな雰囲気

両岸に町並みと史跡が点在する

マラッカ・リバー・クルーズ
Melaka River Cruise

乗り場はオランダ広場から程近いマラッカ川のほとりに立つ5つ星ホテル**H**カサ・デル・リオ（→P.112）の目の前にあり、約30分おきに運航。趣のあるオールドタウンから近代的な町並みまで、水上から眺める風景は次々に変わり、片道45分の旅は飽きることなく楽しめる。

▶ Map P.139-C2、140-A3

住 Melaka River Park and Cruise
電 (06) 281-4322　**開** 9:00～23:00
料 大人RM50
URL www.melakarivercruise.my

大トカゲに会えるかも！

TRAVEL
INFORMATION

Essential Information, Customs, Public Transportation, Emergency Contracts, etc.

旅の基本情報

情報は旅をよりよいものにしてくれる重要な要素。
基本的な知識を頭に入れてスムーズに旅をしよう！

マレーシアの基本情報

日本から直行便が多く、旅のプランも自由自在に組める。
そんなクアラルンプールの基本情報をまとめたので、
旅する前にチェックして楽しく安全な旅を！

> 基本を覚えていれば
> イザというときに
> 慌てない！

基本情報

● 国旗

左上のカントン部の絵柄はイスラム教の象徴である月と星を表し、赤と白の線はマレーシアの13の州と、首都クアラルンプールを表現している。

● 正式国名
マレーシア
Malaysia

● 国歌
ネガラク
Negaraku

● 面積
33万km²
（日本の約0.9倍）

● 人口
3340万人（2023年）

● 首都
クアラルンプール
Kuala Lumpur（KL）

● 元首
アブドゥラ第16代国王
Abdullah

● 政体
立憲君主制（議会制民主主義）。元首は国王だが政治的実権はほとんどない。

● 民族構成
マレー系69%、中国系23%、インド系7%、そのほか1%。

● 宗教
国教はイスラム教。ほかに仏教、ヒンドゥー教、キリスト教など。

通貨・レート

マレーシアの通貨は、マレーシア・リンギット（MR）とマレーシア・セン（¢）。
RM1＝100¢＝約32円（2023年11月17日現在）。

● 1RM＝約32円

 5¢　　 10¢　　 RM1　　 RM5　　 RM10

  20¢　　 50¢　　 RM20　　 RM50　　 RM100

電話

昔は、コインやテレホンカードで使用できる公衆電話があったが、最近はスマホの普及にともない、ほとんど見かけない。スマホは旅に必須の携帯品になっている。

● 日本→マレーシア
〈マレーシア（03）1234-5678にかける場合〉

0033/0061	▶	010	▶	60	▶	3-1234-5678
国際電話会社の番号		国際電話識別番号		マレーシアの国番号		相手先電話番号（市外局番の頭の0は取る）

● マレーシア→日本
〈東京（03）1234-5678にかける場合〉

00	▶	81	▶	3-1234-5678
国際電話識別番号		日本の国番号		市外局番を含む相手の電話番号（固定電話・携帯とも最初の0は取る）

● 現地で
クアラルンプールの市外局番は03、マラッカは06

祝祭日の営業

土・日曜と祝日は、官公庁や銀行、郵便局などは休みになる。ショッピングモール内の店やレストランは年中無休のところがほとんどだが、路面店は週休1日のことが多い。ハリラヤ・プアサ（断食明け大祭）、ハリラヤ・ハジ（犠牲祭）中国正月などの祭事は観光名所でも休みのところがある。

日付の書き方

マレーシアと日本では、年月日の書き方が異なるので注意しよう。日本と順番が異なり、「日・月・年」の順で記す。例えば、「2024年2月6日」の場合は、「6/2/2024」と書く。「8/10」などと書いてあると、日本人は8月10日だと思ってしまうが、これは10月8日のこと。

両替

● レートは両替所によって異なる

両替は銀行か、町なかにある公認の両替商で。リンギットに両替する場合、レートがいいのはマネーチェンジャーというライセンスを掲げている両替商。次に銀行窓口、空港の両替所の順。ホテルでの両替も可能だが、レートは悪い。

ATM

● 町なかのいたるところにあり

空港や駅、ショッピングモールなどいたるところにあり、VISAやMasterなどのクレジットカードでマレーシア・リンギットをキャッシングできる。出発前に海外利用限度額と暗証番号を確認しておこう。金利には留意を。

クレジットカード

● キャッシュレス化が進んでいる

ホテル、レストラン、ショップで使用できる。VISA、Masterの適用度が高く、利用の場合は暗証番号（PIN）が必要になる。また、KLのバスはタッチ＆ゴーカード（→P.126）の運賃払い、屋台はGrab Payなどeウォレットの支払いが可能など、キャッシュレス化の流れ。

言語

● 英語もよく通じる

公用語はマレー語。多民族国家のため英語もよく通じる。中国系住民社会では中国語、インド系住民社会ではタミル語などが使用されている。

物価

● 日本の2分の1程度

日本より物価は安め。消費税に近い売上サービス税（SST）があり、宿泊や飲食代などに5%または10%課税される。

ex. ● ミネラルウオーター（1.5ℓ）RM3～
　　● タクシー初乗り RM3～
　　● 鉄道 RM1.1～　● 外食（屋台）RM5～

時差

● マイナス1時間

日本との時差は－1時間で、日本が 12:00 のときマレーシアは 11:00。また、マレーシアでサマータイムは実施されてない。

日本からの飛行時間

● 直行便で約7時間

クアラルンプールへの直行便は成田、羽田、関西、中部、新千歳の各空港からマレーシア航空、全日空、日本航空、エアアジアX、バティック・エア・マレーシア（一部は台北経由）の5社が運航。

チップ

● サービスによっては払うとスマート

基本的にチップの習慣はないが、観光地では近年、習慣となりつつある。気持ちのよいサービスを受けた場合は、すんなりとチップを渡せるとスマート。ポーターにはRM5くらいを目安に。ホテルやレストランでサービスチャージ10%が含まれている場合は必要ない。

旅行期間

● 3泊4日（4日間）以上が望ましい

羽田深夜発便を利用すれば、1泊3日の弾丸ツアーも可能。

パスポート＆ビザ

● 90日以内の滞在ならビザは不要

ただし、観光目的の場合。パスポートの残存有効期間は入国時6ヵ月以上必要。未使用査証欄が 2 ページ以上（原則として連続）必要。入国時に指紋認証あり。

電圧・電源

● 変圧器と変換プラグが必要

電圧は220〜240V、50Hz。コンセントは3つ穴のBFタイプが多い。日本の携帯電話やカメラなどの充電器は240Vまで利用可能のものが多く、その場合、変換プラグのみ用意すればよい。220V対応でない日本の電化製品を使用するときは変圧器が必要。

トイレ

● トイレットペーパーを携帯しよう

マレーシアでは用を足したあと紙を使うのではなく、専用のホースの水を使い、手で洗う。公衆トイレにはトイレットペーパーがないのが一般的なので、携帯すると便利。また、便器の周囲も水で流すのでトイレの床がぬれていることが多い。

郵便

● 日本までは5〜11日

日本までのエアメールははがきがRM0.90、封書は20gまでがRM6.10で、以後10gごとにRM2.20が加算される。マレーシアの郵便局は、基本的に土曜の午前は営業している。日曜・祝日は休み。

水

● ミネラルウオーターが安心

飲料用には水道水を避け、ミネラルウオーターが安心。レストランで飲料の水を頼むと通常はペットボトルのミネラルウオーターが出てくる。ポットには水道水が入っている場合がほとんどなので注意しよう。

■ 平均気温

Kuala Lumpur
27.3℃　27.7℃　28.1℃　28.1℃　28.5℃　28.4℃

Tokyo
5.4℃　6.1℃　9.4℃　14.3℃　18.8℃　21.9℃

5月からは降水量が減り晴天が多くなる

■ 平均降水量

231.3mm　195.6mm　271.5mm　303.6mm　220.1mm　139.7mm　141.5mm　167.8mm

59.7mm　56.5mm　116mm　133.7mm

Kuala Lumpur　Tokyo

Best Season

1 January	**2** February	**3** March	**4** April	**5** May	**6** June
1/1 **新年** New Year	2/10 〜 11 **中国暦新年**※ Chinese New Year		4/10 〜 11 **ハリラヤ・プアサ** (**断食明け大祭**)※ Hari Raya Puasa Hari Raya Aidiltitri	5/1 **メーデー** Labour Day	6/3 **国王誕生日** Agong's Birthday

新年を祝う花火

1/25
タイプーサム・フェスティバル※
Thaipusam
ヒンドゥー教信者が神へ感謝の気持ちをささげる日で、多くの信者がクアラルンプールから歩いてバトゥ洞窟を目指す。

5/22
ウェサックデイ
(**釈迦生誕祭**)※
Wesak Day

6/17 〜 18
ハリラヤ・ハジ
(**犠牲祭**)※
Hari Raya Haji

ハリラヤの時期は、椰子の葉で包んだ米料理クトゥパの飾りが町を彩る

インターネット

● 都市部にはWi-Fiが普及

都市部は良好。地方でもホテルやカフェなど限定されたエリアではある程度つながる。また、現地の電話会社や日本国内で有料のWi-Fiをレンタルするのも手。現地空港の到着ロビーではSIMカードも販売されている。

喫煙

● 公共の場は基本的に禁煙

クアラルンプール国際空港は指定の喫煙室以外、全面禁煙。市内のレストランやカフェなど、飲食店内も喫煙が禁止されている。違反すると罰金が科せられるので注意しよう。

マナー

● 服装には注意しょう

イスラム教国だが、旅行者に対しては特に服装の制限はない。しかし、モスクや寺院を見学する際は、肌を見せる服は好ましくない。特に女性はノースリーブやミニスカートなど、肌の露出の多い服装は避けよう。

ラマダン（断食）

● 1年に一度ラマダン月がある

毎年イスラム暦に沿ってラマダン（断食）が行われる。この期間は日中に飲食ができないため、マレー系の人たちの生産性が落ちる。しかしこれは本人の問題ではなく、宗教上の大切な行いに当たるため。特にこの時期はイスラム教徒に配慮を忘れずに。

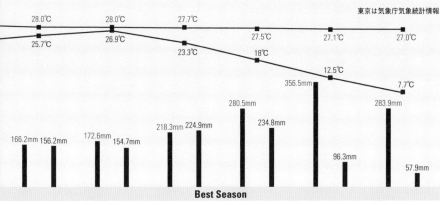

東京は気象庁気象統計情報

28.0℃	28.0℃	27.7℃			
25.7℃	26.9℃	23.3℃	18℃	12.5℃	7.7℃
			27.5℃	27.1℃	27.0℃

166.2mm 156.2mm 172.6mm 154.7mm 218.3mm 224.9mm 280.5mm 234.8mm 356.5mm 96.3mm 283.9mm 57.9mm

Best Season

7 July
7/7
イスラム暦新年※
Awal Muharram

8 August
8/31
国家記念日
National Day

9 September
9/16
マレーシア・デイ
Malaysia Day
9/16
ムハンマド聖誕祭※
Prophet Muhammad's Birthday

10 October
10/31
ディパバリ※
Deepavali

11 November

12 December
12/25
クリスマス
Christmas Day

8月31日の独立（国家）記念日にはムルデカ広場でパレードが開催

● 赤字は祝祭日
※ は移動祝祭日

ヒンズー教の祭りディパバリのために、洋服を新調しに来た人々

ベストシーズン　●1年中

クアラルンプールは、特にベストシーズンを考慮する必要はない。気温は1年を通じて23〜33℃で安定している。3〜4月と10〜12月は雨が少し多め。そのほかの時期でもスコール程度の雨は降る。

🇲🇾 マレーシア入出国

デジタルアライバルカードの登録は、マレーシア到着3日前から可能

2023年1月1日より、事前のデジタルアライバルカード登録が義務化。Webサイト「Malaysia Digital Arrival Card」(英語)より登録できる。ちなみに登録した人は、2回目の渡航以降、自動ゲートの利用が可能。

日本からマレーシアへ

1 デジタルアライバルカードに登録

マレーシア到着日3日前になったら、「Malaysia Digital Arrival Card」(URLページ下英語)にアクセスし名前、パスポート番号、生年月日、メールアドレス、連絡先、入国日、滞在先などを記入し、送信する。完了すると登録したメールに登録内容が届く。印刷の必要はない。

2 クアラルンプール到着

KLIAの場合、国際線で到着するとエアロトレインと呼ばれる電車に乗って入国審査場へ。KLIA2の場合は、徒歩のみでの移動となる。

3 マレーシア入国審査

パスポートを入国管理官に提示し、両手人さし指の指紋認証を受ける。認証が完了したらパスポートに入国スタンプが押され、パスポートが戻される。

4 荷物受け取り

ターンテーブルで預けた荷物を引き取る。荷物に破損や未着が生じた場合は、決して外には出ず、場内のクレームカウンターへ。

5 税関審査

申告するものがない人は緑の通路へ。申告が必要な場合は赤い通路へ行き、審査を受ける。

6 到着ロビー

案内板に従ってそれぞれの交通手段の乗り場へ行き、いざ市内へ!

エアロトレインに乗って入国審査場へ

KLIA2はLCC専用ターミナル

マレーシア入国時の免税範囲

酒類	レギュラーサイズ(1ℓ)1本
外貨	無制限(US$1万以上は要申告)

機内持ち込み制限

※デジタルアライバルカードの登録方法詳細はマレーシア政府観光局の Web サイトで確認しよう

●おもな制限品

刃物類(ナイフ、はさみなど):持ち込み不可　　**液体物**:容量制限あり※

喫煙用ライター:ひとり1個のみ(機内預けの荷物に入れるのは不可)

※液体物(ジェル類、エアゾール類含む)は100mℓ以下の容器に入れ、さらに1ℓ以下の再封可能な透明プラスチック袋に入れた場合のみ持ち込み可能。

● 機内預け荷物重量制限

航空会社により多少異なるが、エコノミークラスなら、23〜30kgまでの荷物1〜2個を無料で預けることができる。制限重量を超えると超過料金を払うことになるので注意。

マレーシアから日本へ

1 搭乗手続き（チェックイン）

航空会社のカウンターで航空券（eチケット控え）とパスポートを提示。預託荷物があれば預け、ボーディングパス（搭乗券）とクレームタグ（荷物引換証）を受け取る。

2 セキュリティチェック

液体物や危険物を持ち込んでいないかチェックを受ける。

3 マレーシア出国審査

パスポートと搭乗券を提出し、出国スタンプをもらう。入国時にデジタルアライバルカード審査をしてあれば、自動化ゲートで出国審査可能（2023年12月現在はクアラルンプール国際空港KLIAのみ）。

4 セキュリティチェック

機内持ち込み手荷物のX線検査とボディチェックを受ける。

5 搭乗ゲート

指定の搭乗ゲートへ。
免税店やみやげ物店があるので、最後の買い物をしてもいい。

6 帰国

税関審査では、機内で配られた「携帯品・別送品申告書」を提出。別送品がある場合は2枚必要。提出後は到着ロビーへ。

携帯品・別送品申告書の記入例

● A面

● B面

日本入国時の免税範囲

★主要空港では税関申告書を書かなくてもオンラインで申告可能（ページ下部参照）

● 税関 www.customs.go.jp

酒類	3本（1本760mℓのもの）
香水	2オンス（1オンスは約28mℓ。オー・ド・トワレは含まれない）
たばこ	紙巻き200本、加熱式たばこ個装等10箱、または葉巻50本、その他250g
その他	20万円以内のもの（海外市価の合計額）
おもな輸入禁止品目	麻薬、向精神薬、大麻、アヘン、覚せい剤、MDMA、けん銃等の鉄砲、爆発物、火薬類、貨幣・有価証券・クレジットカード等の偽造品、偽ブランド品、海賊版等

KLセントラル駅でイン・タウン・チェックイン

イン・タウン・チェックインとは、空港に行かずともチェックインができるシステムのこと。クアラルンプールでは、KLセントラル駅でそのシステムが利用できる（シティ・チェックインカウンター→ ▶Map P.135-C1）。ただし、KLIAエクスプレスもしくはKLIAトランジットの利用者で、マレーシア航空、バティック・エア・マレーシアの2社に限る。最大で搭乗の8時間前から3時間前まで利用可。先にチェックインを済ませ、受託手荷物を預けることができるので、時間を有効に使うことができる。

KLセントラル駅のレベル1にある

● KLIAエクスプレス URL www.kliaekspres.com

Visit Japan Web（https://www.vjw.digital.go.jp）のサイトより税関検査場電子申告が可能。対応空港は新千歳、成田（第3ターミナルは除く）、羽田（第2ターミナルを除く）、中部、関西、福岡、那覇の各空港。うち、羽田、福岡、那覇の各空港には税関審査場前にその場で申告できる電子端末も設置。

🛫 空港案内

クアラルンプールの南約60kmに位置するクアラルンプール国際空港（KLIA）。
マレーシアの空の玄関口で、アジアのハブ空港でもある。
空港内には短時間から利用できる有料ラウンジやトランジットホテルを完備。
日本語の案内表示もある。

クアラルンプール国際空港
Kuala Lumpur International Airport

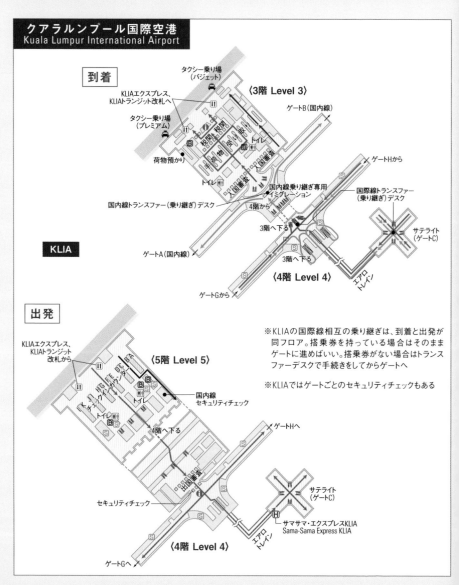

到着

タクシー乗り場（バジェット）

KLIAエクスプレス、KLIAトランジット改札へ

タクシー乗り場（プレミアム）

〈3階 Level 3〉

ゲートB（国内線）

荷物預かり

ゲートHから

トイレ

国際線トランスファー（乗り継ぎ）デスク

国内線乗り継ぎ専用イミグレーション

国内線トランスファー（乗り継ぎ）デスク

4階から

3階へ下る

KLIA

ゲートA（国内線）

3階へ下る

サテライト（ゲートC）

〈4階 Level 4〉

エアロトレイノ

ゲートGから

出発

KLIAエクスプレス、KLIAトランジット改札から

〈5階 Level 5〉

国内線セキュリティチェック

トイレ

トイレ

4階へ下る

出国審査

セキュリティチェック

ゲートHへ

サテライト（ゲートC）

サマサマ・エクスプレスKLIA
Sama-Sama Express KLIA

エアロトレイノ

〈4階 Level 4〉

ゲートGへ

※KLIAの国際線相互の乗り継ぎは、到着と出発が同フロア。搭乗券を持っている場合はそのままゲートに進めばいい。搭乗券がない場合はトランスファーデスクで手続きをしてからゲートへ

※KLIAではゲートごとのセキュリティチェックもある

KLIAのターミナルはふたつ

KILAには隣接してふたつのターミナルがある。一般的にメインターミナルだけをKLIAと呼び、エアアジアなどのLCC（格安航空会社）専用のターミナルはKLIA2と呼んでいる。

ターミナル間の移動

KLIAとKLIA2は15kmほど離れているため、移動には公共交通機関を利用する。便利なのは、鉄道のKLIAエクスプレスで所要3分。ターミナルが異なる乗り継ぎには、いったん預けた荷物を受け取ったうえ、再度チェックインをする必要がある。

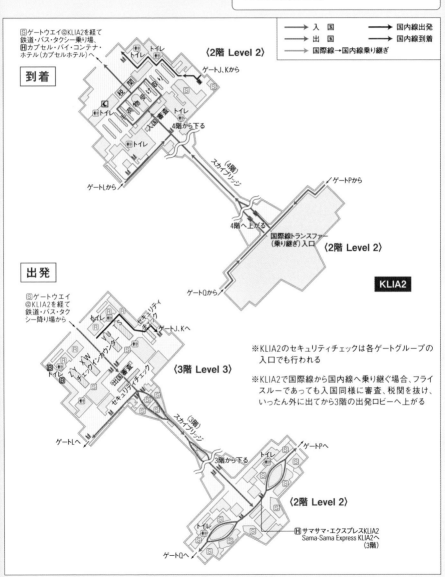

KLIA2

※KLIA2のセキュリティチェックは各ゲートグループの入口でも行われる

※KLIA2で国際線から国内線へ乗り継ぐ場合、フライスルーであっても入国同様に審査、税関を抜け、いったん外に出てから3階の出発ロビーへ上がる

🇲🇾 空港から市内へ

クアラルンプール国際空港から市内までは、
交通機関により30分〜1時間。
バスやタクシーの場合、道路が渋滞すると
さらに時間がかかる。

空港から乗り場へ

空港のターミナル内は案内板が充実しており、日本語
が併記されているか、わかりやすいマーク（アイコン）
で表示されている。それに沿って行けば目的の交通機
関の乗り場に到着する。

空港内は広いので時間に余裕をもって移動しよう

KLIA

🚆 鉄道 Train
URL www.kliaekspres.com

> KLIAエクスプレスと
> KLIAトランジットの改
> 札は、KLIA駅、KLIA2
> 駅とも同じだが、KL
> セントラル駅（出
> 発）では別になる。

KLIAエクスプレス
KLIA Exspress

空港（KLIA, KLIA2）とKLセントラル駅の約60kmをノンス
トップで結ぶ。所要28分。20分間隔で運行し、料金は片道
RM55、往復RM100。クレジットカードでの購入も可。全席
自由席。乗り場へは「KLIA Ekspres」の案内板に従い、1階
のプラットホームへ。

KLIAトランジット
KLIA Transit

空港（KLIA, KLIA2）からKLセントラル駅までに途中3駅停
車する。KLセントラル駅までは所要33分。料金はKLIAエク
スプレスと同じで、片道RM55、往復RM100。KLIAエクスプ
レスと同じプラットホームから発着するので注意。

看板があるのでわかりやすい

KLIAエクスプレスの車内

	KILAエクスプレス	KLIAトランジット
所要時間	28分	35分
KLセントラル駅 までの料金	大人RM55（往復RM100） 子供RM25（往復45）	大人RM55（往復RM100） 子供RM25（往復45）
運行時間	5:00〜翌0:05に 20分間隔で運行	KLIA発KLセントラル駅行き　5:18〜翌0:30に30分ごとに運行 KLセントラル駅発KLIA行き　5:03〜翌0:03に30分ごとに運行
途中停車駅	—	サラ・ティンギ Salak Tinggi プトラジャヤ＆サイバージャヤ Putrajaya & Cyberjaya バンダル・タシク・スラタン Bandar Tasik Selatan

空港バス
Airport Bus

KILAからKLセントラル駅へは、エアロバス社とスアサナ・エダラン社のバスがノンストップで運行している。運賃は片道RM15で所要約1時間。KLIA発4:15〜23:00に運行。スターマート・エクスプレス社やジェットバス社がTBSバスステーションまで運行。そのほかの運行スケジュールは下記の予約サイトで確認できる。

● オンラインチケット予約
URL www.busonlineticket.com
URL www.easybook.com

オンラインでチケットを購入すると割引価格に！

マラッカ行きの高速バスはグランドフロアにある

空港タクシー
Airport Taxi

前払いの定額クーポン制のタクシーがある。車は4種類から選べ、乗車人数と荷物の量によって使い分ける。料金は市内中心部まで、バジェットRM84.30、プレミアRM118.70、ファミリー/ラグジュアリーRM233.10。ロビーにあるタクシーカウンターで、行き先と車種、人数と荷物の数を告げてクーポンを購入（クレジットカード可）。市内中心部までの所要は約1時間〜1時間30分。ただし道路状況によってかなりの時間がかかる場合も。クーポンタクシー以外にメータータクシーもあるが、メーター＋高速代で料金はクーポンタクシーとほとんど変わらない。渋滞だとメーターが上がってしまう場合も。

クーポンタクシーのカウンター

KLIA2

鉄道
Train

すべてのKLIAエクスプレス&トランジットがKLIA2へ停車する。KLIA2とKLIA間の所要は約3分で料金はRM2。KLIA2からKLセントラル駅まではRM55（往復RM100）。KLIA2からKLセントラル駅まではKLIAエクスプレスで33分、KLIAトランジットで39分。KLIA2の始発は4:55、最終は翌0:00、20分間隔で運行。

KLセントラル駅は交通の要

空港バス
Airport Bus

多くのバス会社が運行している。スカイバスSky BusとエアロバスAerobusはKLセントラル駅行きのバスを運行。バス会社によっては、TBSバスステーション行きなどもある。そのほかの運行スケジュールは、KLIA同様オンライン予約サイトで確認できる。

空港タクシー
Airport Taxi

KLIA同様クーポン制のタクシーとメーター制のタクシーがある。クーポンタクシーの料金は、KLIAからと同じ。

KLIA2利用航空会社

● エアアジア ● セブパシフィック
● エアアジアX ● スクート
● ジェットスター・アジア

クアラルンプールの市内交通

クアラルンプールの市民の足は
電車、市内バス、タクシーの3つ。
うまく組み合わせて、上手に活用しよう。

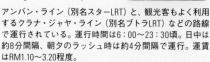

■ 鉄道
Train

LRT
LRT (Light Rail Transit System)

アンバン・ライン（別名スターLRT）と、観光客もよく利用するクラナ・ジャヤ・ライン（別名プトラLRT）などの路線で運行されている。運行時間は6：00～23：30頃。日中は約8分間隔、朝夕のラッシュ時は約4分間隔で運行。運賃はRM1.10～3.20程度。

● アルバン・ライン
セントゥル・ティムルーム駅～マスジッド・ジャメ駅～アンバン駅、またはプトラ・ハイツ駅を結ぶ。

● クラナ・ジャヤ・ライン
ジャメ駅～プトラ（ゴンバック駅）からKLCC駅～マスジッド・ジャメ駅～KLセントラル駅～プトラ・ハイツ駅を結ぶ。観光客の拠点になるKLセントラル駅も通る。

MRT
MRT (Mass Rapid Transit)

スンガイ・ブローとカジャンを結ぶ路線とクアラルンプールとプトラジャヤを結ぶ路線がある。ミュージアム・ネガラ駅はKLセントラル駅と通路でつながっていて、乗り換えができる。

KLモノレール
KL Monorail

KLセントラル駅～ティティワンサ駅を結ぶ。KLセントラル駅はマレーシア国営鉄道（KTM）などが乗り入れているが、ブキッ・ビンタン駅を移動するときに便利。運行時間は6：00～24：00頃。運賃はRM1.20～3.60程度。

KTMコミューター
KTM Comuter

マレーシア国営鉄道（KTM）が運行し、クアラルンプール市内と郊外を結ぶ。路線はふたつあり、いずれもKLセントラル駅を通る。運行時間は6：00～23：00頃。30分～1時間おきの運行スケジュール。運賃はRM1.5～15.70程度。

タッチ＆ゴーカード
Tuch'n Go Card

クアラルンプールの公共交通機関のほとんどすべてで使える便利なカード。電車やモノレールの駅窓口、ワトソンズ（薬局）、セブン-イレブン、KKスーパーマーケットなどで購入、チャージができる。料金はRM25でそのうちRM5が発行手数料。

乗り換え

クアラルンプールでの電車の乗り換えは、同じLRTであっても駅が離れているため、けっこう歩くことがある。また、同じ目的地へ行くにも、少し先の駅まで歩いたほうが乗り換えがいらない場合があるので、乗車前に路線図を見てルートを考えよう。

電車の乗り方

1 チケットを購入

駅の自動販売機で購入する。小額紙幣とコインしか使用できないので、高額紙幣は窓口で両替す。窓口での購入は係員に行き先を告げ、運賃を支払う。

2 改札へ

チケットはコイン型のトークンまたは磁気カードタイプがほとんど。いずれも改札機上面のタッチ画面にかざすだけ。スリットにカードを挿入するタイプの場合は、スリットから出てきたチケットを取って改札ゲートを通過する。

3 乗車・下車

目的地へ向かうプラットホームで電車を待つ。改札を出るときはトークン回収口にトークンを投入すれば、そのまま回収される。

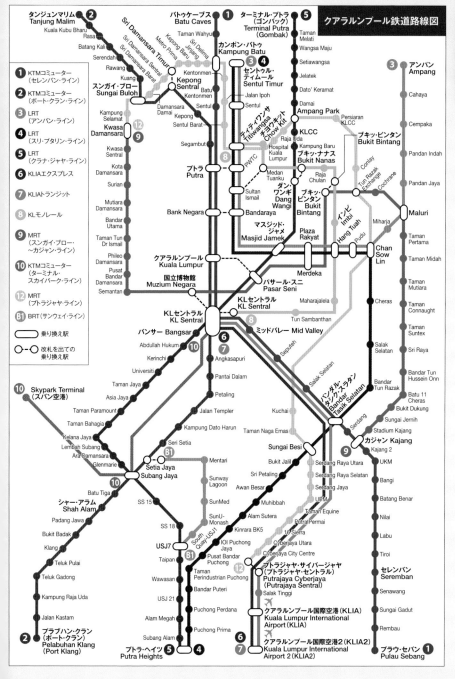

クアラルンプール鉄道路線図

1 KTMコミューター
（セレンバン・ライン）

2 KTMコミューター
（ポート・クラン・ライン）

3 LRT
（アンパン・ライン）

4 LRT
（スリ・プタリン・ライン）

5 LRT
（クラナ・ジャヤ・ライン）

6 KLIAエクスプレス

7 KLIAトランジット

8 KLモノレール

9 MRT
（スンガイ・ブロー・
～カジャン・ライン）

10 KTMコミューター
（ターミナル・
スカイパーク・ライン）

12 MRT
（プトラジャヤ・ライン）

B1 BRT（サンウェイ・ライン）

乗り換え駅

改札を出ての
乗り換え駅

バス
Bus

ゴーKLシティバス
GOKL City Bus

KL市内を巡回するバス。ブキッ・ビンタンや、ペトロナス・ツイン・タワー、チャイナタウンなど、見どころや観光名所のそばに停留所があるので便利。運行時間は平日6:00～23:00、週末7:00～23:00で、5～15分間隔で運行。市民は無料、外国人観光客は1乗車RM1。
URL www.gokl.com.my

主要な運行ルート＆おもな観光名所

● グリーンライン
KLCCを起点にブキッ・ビンタン地区を周回する。
観光名所 スター・ギャラリー、ブキッ・ビンタン、パビリオン、ペトロナス・ツイン・タワー

● パープルライン
パサール・スニ駅を起点に、チャイナタウンとブキッ・ビンタンを結ぶ。
観光名所 スター・ギャラリー、ブキッ・ビンタン、パビリオン、チャイナタウン、KLタワー

● レッドライン
ティティワンサ駅前を起点に、チョウキット、KLセントラル駅、ムルデカ・スクエアなどを結ぶ。
観光名所 KLセントラル駅、国立博物館、国立モスク、KTMクアラルンプール駅

● ブルーライン
ティティワンサ駅前を起点に、チョウキットとブキッ・ビンタン地区を周回する。
観光名所 スター・ギャラリー、ブキッ・ビンタン、パビリオン

ホップオン・ホップオフ・バス
Hop-On Hop-Off Bus

KL市内のおもな観光スポットと、旅行者がよく利用するホテルなどを巡回するツーリスト向けのダブルデッカーバス。観光スポット巡りや異なるエリア間の移動に便利。乗り降りはどこの停留所からも自由。運行時間は9:00～18:00の間、20～30分間隔で運行。チケットは乗車時に購入できるほか、市内に設けられた各ブースやインターネットでも購入できる。24時間有効のチケットは大人RM60、子供RM30。
● KL Hop On Hop Off
URL www.myhoponhopoff.com/kl/visitor.php

市内バス
Bus

クアラルンプール市内全域を網羅しているラピッドKL（rapid KL）バスが運行。RM1からと運賃は安いが、車内アナウンスがなく、旅行者は利用しにくい。

● ラピッドKL
URL www.myrapid.com.my

タクシー
Taxi

クアラルンプールを走るタクシーは大きく分けて2種類。配車アプリサービス、Grab（グラブ）も便利。

一般タクシー
（通称バジェットまたはノーマル）

車体の色は紅白が一般的。メーターを使ってくれないことも多く、交渉か、メーターを使うように言うのが必須。雨や渋滞など状況で変わる。料金は初乗りがRM3、以降1kmごとにRM2。

プレミアム
（通称ブルー・タクシーまたはエグゼクティブ）

バジェットより料金は高いが、必ずメーターで走ってくれる。高級ホテルや空港で乗車する。紫色の小型ワゴン車や高級ブルー・タクシー（ラグジュアリー）も走っている。料金は初乗りRM6、1kmごとにRM2。

配車アプリGrab
（グラブ）

登録をした一般のドライバーが、自家用車で乗客を運ぶ仕組み。手配から支払いまでスマホアプリで行う。タクシー料金よりも割安で、事前に到着予定時間や料金がわかるのが便利。渋滞時に料金が割増しになるのはタクシーと同じ。

いずれも24:00～翌6:00は5割増し。渋滞のときも割増料金がある。

旅の安全対策

比較的に治安はいいとはいっても、旅にハプニングはつきもの。よくあるトラブルを知って、安全に旅しよう。

治安

日本人が遭遇しやすいのは置き引き、ひったくり、詐欺（いかさま賭博）の3つ。置き引きは空港の両替所や、レストランで椅子と背中の間に荷物を挟んで置いている場合などに狙われやすい。また、人混みを歩くときは腕で荷物を抱え、見知らぬ人の誘いには毅然と「NO」を。

● 外務省海外安全ホームページ
URL http://www.anzen.mofa.go.jp

病気・健康管理

衛生状態はよいが、懸念されるおもな病気はコレラ、赤痢、腸チフスなど消化器系の感染症や結核、デング熱など。野菜や魚は必ず加熱調理したものを食べるように気をつけたい。デング熱の予防策としては長袖長ズボンを着用し、蚊の多いところでは虫よけや蚊取り線香で蚊を寄せ付けないようにしよう。

海外旅行保険

海外の病院で診察を受ける場合、保険に加入していないと高額な医療費を請求される。万が一のけがや病気に備え、海外旅行保険には必ず加入しておこう。さまざまな種類の補償が用意されているので、よく検討を。海外旅行保険はオンラインや空港でも簡単に加入することができる。

こんなことにも気をつけて！

● クレジットカード詐欺

手口は緻密で、クレジットカードを読み取る機械に小さなチップを取りつけて、カード番号を記憶させるというもの。それにより、知らない間にクレジットカードが使用され、心当たりのない高額な請求書が届くケースが急増している。高級店だから安心ということはないので利用する際は明細チェックも忘れずに。

● オートバイを使ったひったくり

クアラルンプールで多いのが、オートバイを使ったひったくりだ。路上を歩いていると後ろから近づいてきて、走行しながら追い越しざまにバッグなどを奪って逃げるというもの。被害に遭わないためには車道側を歩かない、ひと気のない道は歩かない、バッグは車道と反対の肩にかける、など。

● スリ、恐喝、睡眠薬強盗

暴力事件につながることはまだ少ないが、スリや恐喝、睡眠薬強盗なども皆無ではない。夜のひと気のない場所のひとり歩きや、町なかで無防備な行動を取らないよう、くれぐれも注意しよう。知らない人には決してついていかないなど、基本的なことを守るだけでもかなり違う。

緊急連絡先

警察 **999**

在日本国大使館領事部（KL）
℡現地（03）2177-2600

救急車・消防 **999**

日本での海外安全情報
● 外務省領事部海外安全相談センター
℡東京（03）3580-3311（内線2902）
● 外務省海外安全ホームページ
URL www.anzen.mofa.go.jp

日本語の通じる医師または看護師がいる病院（電話受付は平日17:00まで）
● ALTYホスピタル
ALTY Hospital
℡現地（03）2787-0500
● スバン・ジャヤ・メディカル・センター
Subang Jaya Medical Centre
℡現地（03）5639-1212

民間の救急車専門会社
● ライフ・ライン Life Line
℡現地（03）7956-9999
● ライフ・ケア Life Care
℡現地（03）7785-1919

クレジットカード会社

● アメリカン・エキスプレス
00-65-6535-1561
（シンガポールへのコレクトコール）
● ダイナースクラブ
00-81-3-6770-2796
（日本へのコレクトコール）
● JCBカード
00-800-0009-0009
（通信事情によりつながらない場合も）
● Mastercard
1-800-804594
● VISA
1800-80-5570

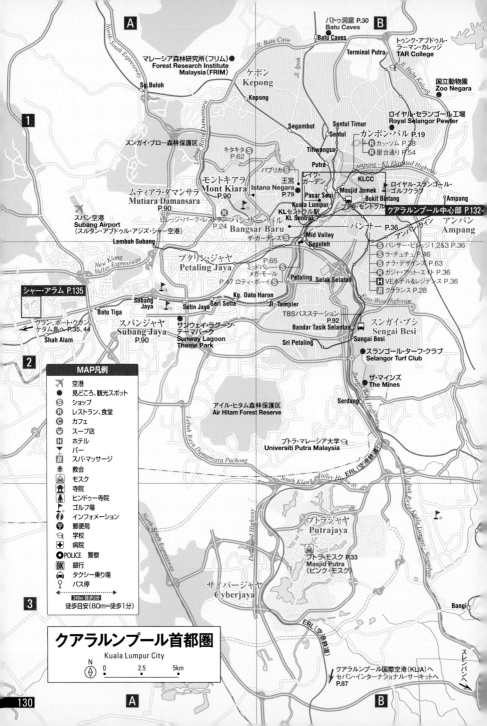

クアラルンプール首都圏
Kuala Lumpur City

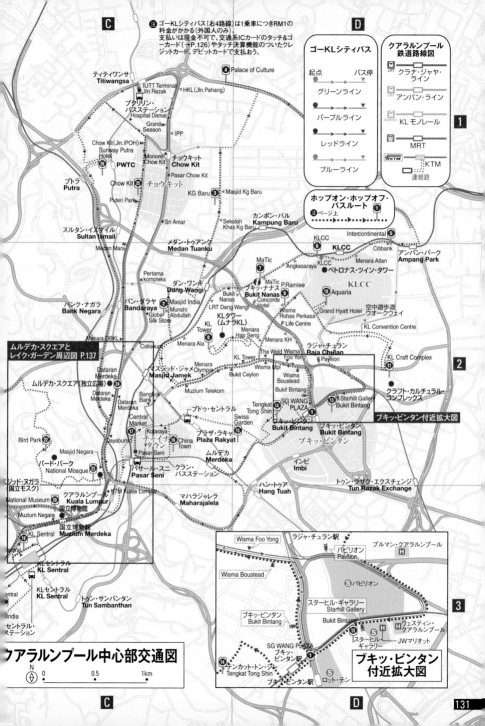

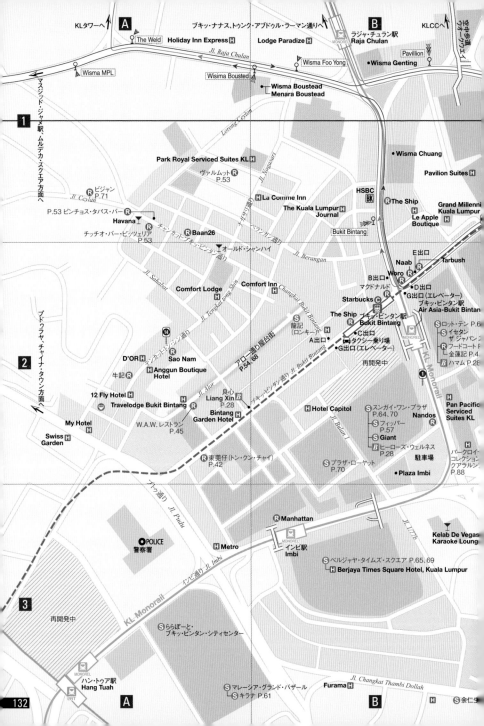

KLタワーへ

The Weld

Holiday Inn Express H

ブキッ・ナナス、トゥンク・アブドゥル・ラーマン通りへ

Lodge Paradize H

ラジャ・チュラン駅
Raja Chulan

KLCCへ

空中步道
クイネホゴ

Jl. Raja Chulan

Wisma MPL

Wisima Bousted

Wisma Foo Yong

Pavillion

Wisma Genting

Wisma Boustead
Menara Boustead

1

Lorong Ceylon

マスジッド・ジャメ駅、ムルデカ・スクエア方面へ

Park Royal Serviced Suites KL H

ヴァルムット
P.53 R

Wisma Chuang

Pavilion Suites H

ビジャン
Jl. Ceylan P.71 R

La Comme Inn H

HSBC
BK

The Ship R

Grand Millenni
Kuala Lumpur

P.53 ピンチョス・タパス・バー R

Havana

The Kuala Lumpur
Journal H

Le Apple
Boutique

チッチオ・バー・ピッツェリア
P.53

Baan26 R

Bukit Bintang

The Ship

Jl. Berangan

E出口

Naab
Woro

Tarbush

2

ブドゥラヤ、チャイナ・タウン方面へ

Comfort Lodge

Comfort Inn H

B出口
マクドナルド

D出口
G出口（エレベーター）
ブキッ・ビンタン駅
Air Asia-Bukit Bintan

Jl. Tengkat Tong Shin

Starbucks

C

ロット・テン P.6
イセタン
ザ・ジャパンス
フードコート記
金蓮記 P.4
ハマム P.28

D'OR
Sao Nam
牛記 R

The Ship
Bukit Bintang

ブキッ・ビンタン駅
Bukit Bintang

Jl. Sahabat

龍記
(ロンキー) 記

C出口

Anggun Boutique
Hotel

アロー通り屋台街
P.54, 68

A出口
タクシー乗り場
G出口（エレベーター）

再開発中

12 Fly Hotel H

Jl. Alor

Liang Xin
P.28 B

スンガイ・ワン・プラザ
P.64, 70

Pan Pacific
Serviced
Suites KL

Travelodge Bukit Bintang

Bintang
Garden Hotel H

Hotel Capitol H

フィッバー
P.57

My Hotel H

W.A.W. レストラン
P.45

Jl. Bulan 1

Giant B

Nandos R

バークロイ・
コレクション
クアラルン
P.88

Swiss
Garden H

東莞仔（トン・クン・チャイ）
P.42 R

ヒーローズ・ウェルネス
P.28

駐車場

プラザ・ローヤット
P.70 S

Plaza Imbi

Manhattan R

Kelab De Vegas
Karaoke Loung

POLICE
警察署

Metro H

インビ駅
Imbi

Jl. Pudu

Jl. Imbi

Jl. 172b

ベルジャヤ・タイムズ・スクエア P.65, 69
Berjaya Times Square Hotel, Kuala Lumpur H

3

再開発中

KL Monorail

ららぽーと・
ブキッ・ビンタン・シティセンター S

ハン・トゥア駅
Hang Tuah

Jl. Changkat Thambi Dollah

マレーシア・グランド・バザール S
キラナ P.61 S

Furama H

余仁生

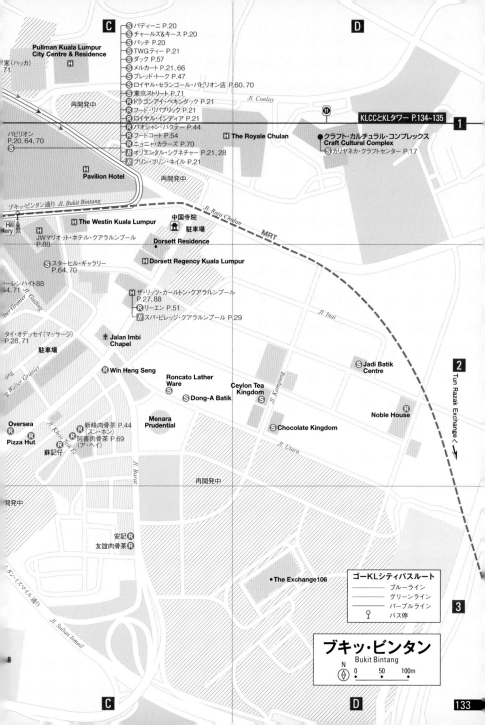

C

Pullman Kuala Lumpur
City Centre & Residence **H**

家(ハッカ)
71

再開発中

パビリオン
P.20、64、70 **S**

Pavilion Hotel **H**

ブキッ・ビンタン通り Jl. Bukit Bintang

Hill
ery

The Westin Kuala Lumpur **H**

JWマリオット・ホテル・クアラルンプール
P.88 **H**

スターヒル・ギャラリー **S**
P.64、70

ーレンハイト88
4、71 Jl. Gading

タイ・オデッセイ（マッサージ） **R**
P.28、71

駐車場

Win Heng Seng **R**

Walter Grantier
g

Oversea **R**
Pizza Hut

蘇記仔

新峰肉骨茶 P.44 **R**
（スン・ホン）
阿喜肉骨茶 P.69 **R**
（ア・ヘイ）

Jl. Khoo Tiak Ee

Jl. Barat

再開発中

開発中

安記 **R**
友誼肉骨茶 **R**

ンイスマイル 通り
Jl. Sultan Ismail

易

C

D

S パディーニ P.20
S チャールズ&キース P.20
S パッチ P.20
S TWGティー P.21
S ダック P.57
S メルカート P.21、66
S ブレッド・トーク P.47
S ロイヤル・セランゴール・パビリオン店 P.60、70
S 東京ストリート P.71
R ドラゴンアイ・ペキンダック P.21
R フード・リパブリック P.21
R ロイヤル・インディア P.21
R バオシャン・バクテー P.44
R フードコート P.54
R ニョニャ・カラーズ P.70
B オリエンタル・シグネチャー P.21、28
B プリン・プリン・ネイル P.21

The Royale Chulan **H**

●クラフト・カルチュラル・コンプレックス
Craft Cultural Complex
S カリヤネカ・クラフトセンター P.17

KLCCとKLタワー P.134~135

Jl. Conlay

⑰

1

中国寺院
駐車場

Jl. Raja Chulan

MRT

Dorsett Residence

Dorsett Regency Kuala Lumpur **H**

ザ・リッツ・カールトン・クアラルンプール **H**
P.27、88
リーエン P.51 **R**
スパ・ビレッジ・クアラルンプール P.29 **B**

Jalan Imbi **✝**
Chapel

Jl. Inai

Jadi Batik **S**
Centre

2

Roncato Lather
Ware **S**

Ceylon Tea
Kingdom

Jl. Kampang

Dong-A Batik **S**

Noble House **S**

Chocolate Kingdom **S**

Menara
Prudential

Jl. Utara

Tun Razak Exchange へ →

再開発中

●The Exchange106

ゴーKLシティバスルート

ブルーライン
グリーンライン
パープルライン
⏚ バス停

3

ブキッ・ビンタン
Bukit Bintang

N ⊕   0   50   100m

C

D

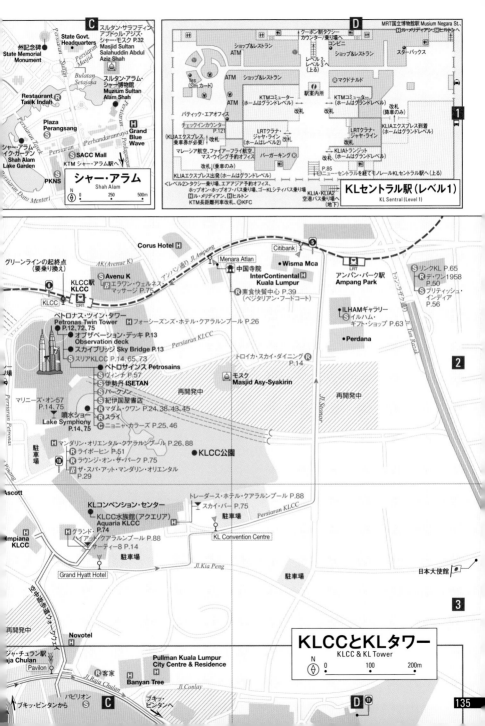

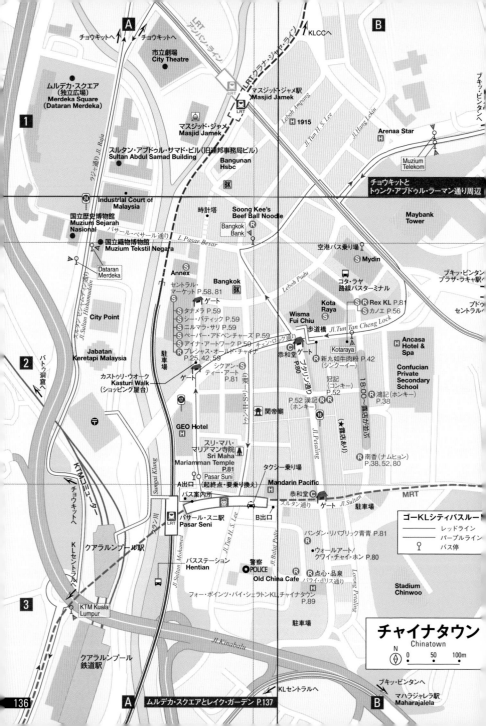

チョウキットへ　チョウキットへ
LRT アンパン・ライン
LRT クラナ・ジャヤ・ライン　KLCCへ

市立劇場
City Theatre

マスジッド・ジャメ駅
Masjid Jamek

1

ムルデカ・スクエア
(独立広場)
Merdeka Square
(Dataran Merdeka)

マスジッド・ジャメ
Masjid Jamek

H 1915

ブキッ・ビンタンへ

Arenaa Star
H

スルタン・アブドゥル・サマド・ビル(旧連邦事務局ビル)
Sultan Abdul Samad Building

Bangunan
Hsbc

Muzium
Telekom

BK

Industrial Court of
Malaysia

時計塔

Soong Kee's
Beef Ball Noodle

チョウキットと
トゥンク・アブドゥル・ラーマン通り周辺

国立歴史博物館
Muzium Sejarah
Nasional

パサール・ベサール通り
L. Pasar Besar

Bangkok
Bank
R

Maybank
Tower

国立織物博物館
Muzium Tekstil Negara

空港バス乗り場

Mydin

Dataran
Merdeka

Annex

セントラル・
マーケット P.58,81

Bangkok
BK

S タナメラ P.59

S シー・バティック P.59

コタ・ラヤ
路線バスターミナル

Kota
Raya

Rex KL P.81
R

カエ P.56

City Point

S ニルマラ・サリ P.59

S ペーパー・アドベンチャーズ P.59

Wisma
Fui Chiu

歩道橋

Jabatan
Keretapi Malaysia

S アイナ・アートワーク P.59

プレシャス・オール・オーバー・チャイナ
P.25,42,59

ゲート

チャン・ロック通り

ゲート

C 泰和堂

Kotaraya

新九如牛肉粉
(シンフューイー) P.42

Ancasa
Hotel &
Spa

2

バトゥ洞窟へ

カストゥリ・ウォーク
(ショッピング屋台)
Kasturi Walk

シクアン・
ティー・アート
S P.81

ゲート

冠記
(コンキー)
P.52

プドゥ通り P.80

Confucian
Private
Secondary
School

P.52 漢記
(ホンキー)

鴻記(ホンキー)
P.38
R

GEO Hotel
H

関帝廟

18:00～露店が並ぶ

駐車場

(★露店が並ぶ)

スリ・マハ・
マリアマン寺院
Sri Maha
Mariamman Temple
P.81

南香(ナムヒョン)
P.38,52,80
R

Pasar Suni

タクシー乗り場

Mandarin Pacific

C 泰和堂

ゲート

駐車場

MRT

ゴーKLシティバスルー

A出口(起終点・要乗り換え)

バス案内所

B出口

クアラルンプール駅

パサール・スニ駅
Pasar Seni

スルタン通り

レッドライン

パープルライン

バス停

バンダン・リパブリック青青 P.81

チョウキットへ

バスステーション
Hentian

警察
POLICE
Old China Cafe

ウォールアート/
クイ・チャイ・ホン P.80

KLセントラルへ

フォー・ポインツ・バイ・シェラトンKLチャイナタウン
P.89

点心・品品
R

バライ・ポリス通り

Stadium
Chinwoo

3

KTM Kuala
Lumpur

駐車場

クアラルンプール
鉄道駅

Jl. Kinabalu

チャイナタウン
Chinatown

N

0　　50　　100m

KLセントラルへ

ブキッ・ビンタンへ

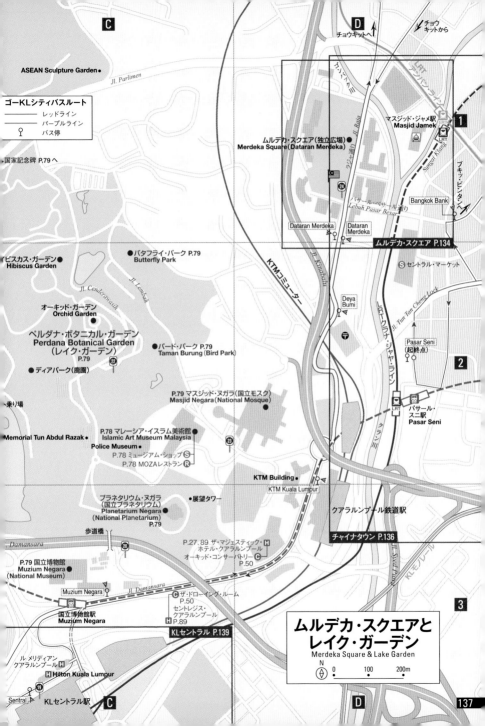

ASEAN Sculpture Garden ●

Jl. Parlimen

チョウキットへ
チョウ
キットから

マスジッド・ジャメ駅
Masjid Jamek

ムルデカ・スクエア(独立広場)
Merdeka Square(Dataran Merdeka)

ゴーKLシティバスルート
― レッドライン
― パープルライン
♀ バス停

Jl. Raja

ブキッ・ビンタン

国家記念碑 P.79 へ

Sungai Klang

Bangkok Bank

ハイビスカス・ガーデン ●
Hibiscus Garden

バタフライ・パーク P.79
Butterfly Park

Dataran Merdeka

Dataran Merdeka

Lebuh Pasar Besar

ムルデカ・スクエア P.134

Jl. Cenderawasih

Jl. Lembah

KTMコミューター

Jl. Kinabalu

Ⓢ セントラル・マーケット

オーキッド・ガーデン
Orchid Garden

Deya Bumi

Jl. Tun Tan Cheng Lock

ペルダナ・ボタニカル・ガーデン
Perdana Botanical Garden
(レイク・ガーデン)
P.79

バード・パーク P.79
Taman Burung (Bird Park)

Pasar Seni
(起終点)

● ディアパーク(鹿園)

P.79 マスジッド・ヌガラ(国立モスク)
Masjid Negara (National Mosque)

2

乗り場

バサール・スニ駅
Pasar Seni

Memorial Tun Abdul Razak ●

P.78 マレーシア・イスラム美術館 ●
Islamic Art Museum Malaysia
Police Museum
P.78 ミュージアム・ショップ Ⓢ
P.78 MOZAレストラン Ⓡ

クラン川

プラネタリウム・ヌガラ
(国立プラネタリウム)
Planetarium Negara
(National Planetarium)
P.79

KTM Building ●
KTM Kuala Lumpur

●展望タワー

クアラルンプール鉄道駅

チャイナタウン P.136

Damansara

歩道橋

P.27,89 ザ・マジェスティック・H
ホテル・クアラルンプール
オーキッド・コンサーバトリー ©
P.50

P.79 国立博物館
Muzium Negara
(National Museum)

Muzium Negara

Jl. Damansara

ザ・ドローイング・ルーム
P.50
セントレジス・
クアラルンプール
H P.89

国立博物館駅
Muzium Negara

KLセントラル P.139

3

ル・メリディアン
クアラルンプール H

H Hilton Kuala Lumpur

Sentral

KLセントラル駅

C

D

ムルデカ・スクエアと
レイク・ガーデン
Merdeka Square & Lake Garden

N
0   100   200m

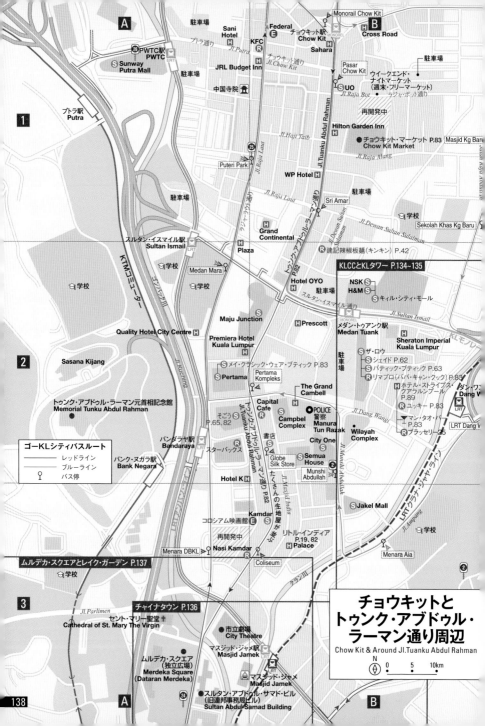

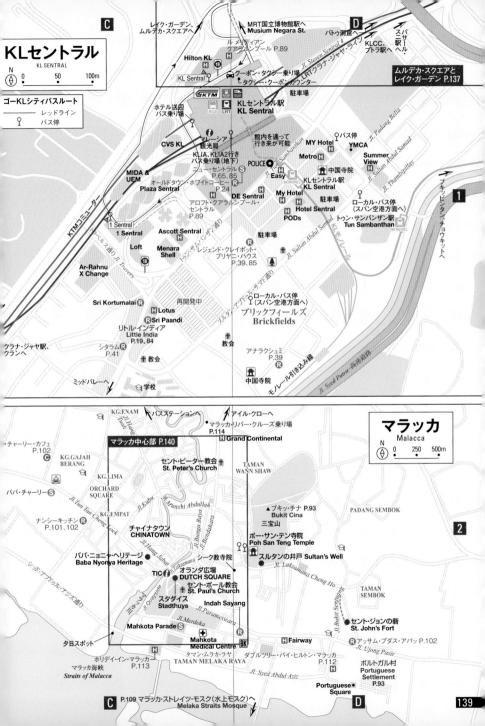

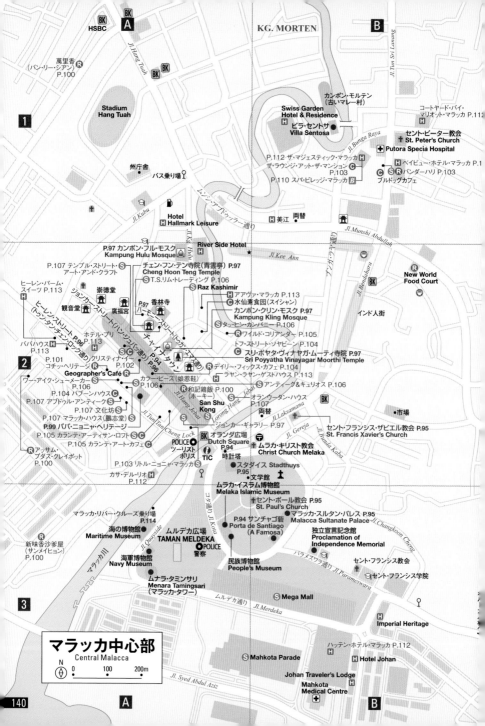

マラッカ中心部
Central Malacca

N
0   100   200m

140

クアラルンプール

● 観光

● レストラン、カフェ、バー

モスクを見学する際、礼拝中は入館できないので注意しよう。

名称	内容	エリア	ページ	MAP
W.A.W. レストラン	中国料理	ブキ・ビンタン	45	P.132-A2
チッチオ・バー・ピッツェリア	ピッツェリア	ブキ・ビンタン	53	P.132-A1
TWGティー	カフェ・紅茶	ブキ・ビンタン	21	P.133-C1
デ・ワン1958	マレー料理・ハイティー	KLCC	50	P.135-D2
ドラゴンアイ・ベキンダック	中国料理	ブキ・ビンタン	21	P.133-C1
トロイカ・スカイ・ダイニング	レストラン街	KLCC	14	P.135-D2
東莞仔（トン・クン・チャイ）	ワンタンミー	ブキ・ビンタン	42	P.132-A2
ナシ・カンダー・プリタ	インド料理	KLCC	38、41、42	P.134-B2
南香（ナムヒョン）	チキンライス	チャイナタウン	38、52、80	P.136-B2
南香茶餐室（ナムヒョン）★	カフェ	イポー（旧街）	35	P.34
ニョニャ・カラーズ	カフェ・スイーツ	KLCC、ブキ・ビンタン	25、45、46、70	P.135-C2
客家（ハッカ）	バクテー	ブキ・ビンタン	44	P.133-C1
バオシャン・バクテー	スチームボート	ブキ・ビンタン	71	P.133-C1
パビリオンのフードコート	フードコート	ブキ・ビンタン	54	P.133-C1
バンダン・リパブリック青青	カフェ	チャイナタウン	81	P.136-B3
ビジャン	マレーシア料理	ブキ・ビンタン	71	P.132-A1
ビレッジ・パーク・レストラン ★	マレー料理	ダマンサラ	24	P.130-A1
ピンチョス・タパス・バー	スペイン料理	ブキ・ビンタン	53	P.132-A1
富山茶樓（フーサン）★	点心	イポー（新街）	35	P.34
フード・リパブリック	フードコート	ブキ・ビンタン	21	P.133-C1
プレシャス・オールド・チャイナ	ニョニャ料理	チャイナタウン	25、42、59	P.136-A2
ブレッド・トーク	ベーカリー	ブキ・ビンタン	47	P.133-C1
素食快餐中心（ベジタリアン・フードコート）	ホーカーセンター	KLCC	39	P.135-C2
漢記（ホンキー）	粥	チャイナタウン	52	P.136-B2
鴻記（ホンキー）	クレイポット	チャイナタウン	38	P.136-B2
ボンベイ・パレス・レストラン	インド料理	KLCC	74	P.134-B3
マダム・クワン	マレーシア料理	KLCC	24、38、43、45	P.135-C2
マリニーズ・オン57	バー	KLCC	14、75	P.135-C2
マン・タオ・バー	バー	チョウキット	83	P.138-B2
毛山稿（モー・サン・コー）	バクテー	クラン	44	P.130-A2外
MOZAレストラン	アラブ料理	レイク・ガーデン	78	P.137-C2
ライボーヒン	中国料理	KLCC	51	P.135-C2
ラウンジ・オン・ザ・パーク	アフタヌーンティー	KLCC	75	P.135-C2
ラ・チュチュ ★	スイーツ	バンサー	46	P.130-B1
リーエン	中国料理	ブキ・ビンタン	51	P.133-C2
リマプロ（ババ・キャン・クック）	ニョニャ料理	チョウキット	83	P.138-B2
レジェンド・クレイポット・ブリヤニ・ハウス	ブリヤニ	KLセントラル	39、85	P.139-D1
ロイヤル・インディア	インド料理	ブキ・ビンタン	21	P.133-C1
老黄芽菜鶏（ロウ・ウォン）★	モヤシチキン	イポー（新街）	35	P.34
ロット・テンのフードコート	フードコート	ブキ・ビンタン	54	P.132-B2
ロティ・ボーイ	ベーカリー	ミッドバレー・メガ・モール	47	P.130-B2

● ショッピング、スーパーマーケット、スパ

名称	内容	エリア	ページ	MAP
アーチ・クアラルンプール	みやげ物	ムルデカ・スクエア	61、62	P.134-A1
アイナ・アートワーク	バティック体験	チャイナタウン	59	P.136-A2
イルハム・ギフト・ショップ	雑貨	KLCC	63	P.135-D2
ヴィンチ	靴・バッグ	KLCC	57	P.135-C2
エラワン・ウェルネス・マッサージ	スパ	KLCC	75	P.135-C2
オリエンタル・シグネチャー	スパ	ブキ・ビンタン	21、28	P.133-C1
カノエ	アパレル	チャイナタウン	56	P.136-A2
キラナ	伝統工芸品店	ブキ・ビンタン	61	P.132-A3
クラランス	フェイシャル	バンサー	28	P.130-B1
ゲートウエイ@KLIA2 ★	ショッピングモール	KLIA2	87	P.134-B1
ザ・スパ・アット・マンダリン・オリエンタル	スパ	KLCC	29	P.135-C2
シー・バティック	みやげ物	チャイナタウン	59	P.136-A2
シェイド	雑貨	チョウキット	62	P.138-B2
シクアン・ティー・アート	茶葉・茶器	チャイナタウン	81	P.136-A2
スターヒル・ギャラリー	ショッピングモール	ブキ・ビンタン	64、70	P.133-C2
スパ・ビレッジ・クアラルンプール	スパ	ブキ・ビンタン	29	P.133-C2
スリアKLCC	ショッピングモール	KLCC	14、65、73	P.135-C2
スンガイ・ワン・プラザ	ショッピングモール	ブキ・ビンタン	64、70	P.132-B2
セントラル・マーケット	ショッピング施設	チャイナタウン	58、61、81	P.136-A2
そごう	ショッピングモール	チョウキット	65、82	P.138-A2
タイ・オデッセイ	スパ	ブキ・ビンタン	28、71	P.133-C2
ダック	アパレル	ブキ・ビンタン	57	P.133-C1
タナメラ	スパグッズ	チャイナタウン	59	P.136-A2
チャールズ&キース	靴・バッグ	ブキ・ビンタン	20	P.133-C1
東京ストリート	日本食街	ブキ・ビンタン	71	P.133-C1
ナラ・デザインズ ★	雑貨	バンサー	63	P.130-B1
ニュー・セントラル	ショッピングモール	KLセントラル	65、85	P.139-D1
ニルマラ・サリ	なまこ石鹸	チャイナタウン	59	P.136-A2
パッチ	チョコレート	ブキ・ビンタン	20	P.133-C1
パディーニ	ファッション	ブキ・ビンタン	20	P.133-C1
バティック・ブティック	雑貨・アパレル	チョウキット	20	P.138-B2
パビリオン	ショッピングモール	ブキ・ビンタン	20、64、70	P.132-B2
ハマム	スパ	ブキ・ビンタン	28	P.132-B2
バンサー・ビレッジ1,2&3 ★	ショッピングモール	バンサー	36、57	P.130-B1
ヒーローズ・ウェルネス	マッサージ	ブキ・ビンタン	28	P.132-B2

STAFF

Producer
斉藤 麻理　Mari Saito

Editors, Writers & Photographers
梅原 トシカヅ　Toshikazu Umehara
古川 音　Oto Furukawa
有限会社アナパ・パシフィック　Anapa Pacific Co.,Ltd.

Writer
小山 まゆみ　Mayumi Koyama

Photo Providers
信濃カメラ(波間 英彦)　Shinano Camera ● 合同会社ゼロ・ザ・フール　Zero THE FOOL LLC
写真協力　©iStock

Designer (Cover)
花澤 奈津美　Natsumi Hanazawa

Designers
荒井 英之　Hideyuki Arai(Trouble and Tea Design) ● 滝澤 しのぶ　Shinobu Takizawa(ATELIER Tabito)

Illustration
株式会社アトリエ・プラン　atelier PLAN Co., Ltd.

Map
曽根 拓(株式会社ジェオ)　Hiroshi Sone ● 株式会社アトリエ・プラン　atelier PLAN Co., Ltd.

Proofreading
鎌倉オフィス　Kamakura Office

Editing Cooperation
合同会社ゼロ・ザ・フール　Zero THE FOOL LLC

Special Thanks
マレーシア政府観光局　Tourism Malaysia
下福 あやの　Ayano Shimofuku ● ハムザ・ハフィス・イスマイル　Hamza Haffies Ismail
冨田 裕二　Yuji Tomita ● サマッド・ハッサン　A Samad Hassan

著作編集　地球の歩き方編集室
発行人　新井 邦弘
編集人　由良 暁世
発行所　株式会社地球の歩き方
　　　　〒141-8425　東京都品川区西五反田2-11-8
発売元　株式会社Gakken
　　　　〒141-8416　東京都品川区西五反田2-11-8
印刷製本　開成堂印刷株式会社

※本書は2023年10月～12月の取材データに基づいて作られています。発行後
に料金、営業時間、定休日などが変更になる場合がありますのでご了承ください。発行後に変更された掲載情報や訂正箇所は、「地球の歩き方」
ホームページの本書紹介ページ内に「更新・訂正情報」として可能なかぎ
り案内しています(ホテル、レストラン料金の変更などは除く)。

更新・訂正情報　URL https://www.arukikata.co.jp/travel-support/

●本書の内容について、ご意見・ご感想はこちらまで
読者投稿
〒141-8425　東京都品川区西五反田 2-11-8
株式会社地球の歩き方
地球の歩き方サービスデスク「Plat クアラルンプール」投稿係
URL https://www.arukikata.co.jp/guidebook/toukou.html
地球の歩き方ホームページ（海外・国内旅行の総合情報）
URL https://www.arukikata.co.jp/
ガイドブック『地球の歩き方』公式サイト
URL https://www.arukikata.co.jp/guidebook/

●この本に関する各種お問い合わせ先
・本の内容については、下記サイトのお問い合わせフォームよりお願いします。
URL https://www.arukikata.co.jp/guidebook/contact.html
・広告については、下記サイトのお問い合わせフォームよりお願いします。
URL https://www.arukikata.co.jp/ad_contact/
・在庫については　Tel▶03-6431-1250 (販売部)
・不良品［乱丁、落丁］については　Tel▶0570-000577
　学研業務センター　〒354-0045　埼玉県入間郡三芳町上富279-1
・上記以外のお問い合わせは　Tel▶0570-056-710 (学研グループ総合案内)

感想教えて
ください

読者プレゼント
ウェブアンケートにお答えい
ただいた方のなかから抽選
でクオカード(500円分)をプ
レゼントします!詳しくは左記
の二次元コードまたはウェブ
サイトをチェック☆
応募の締め切り
2026 年 1 月 31 日

URL https://arukikata.co.jp/jnxpam
※個人情報の取り扱いについての注意事項はウェブ
ページをご覧ください。

学研グループの書籍・雑誌についての新刊情報・詳細情
報は、下記をご覧ください。
学研出版サイト　URL https://hon.gakken.jp/